実務家が陥りやすい
死後事務委任契約の落とし穴

編集代表　尾島　史賢（弁護士・関西大学大学院法務研究科教授）

編集委員　溝上　絢子（弁護士）

　　　　　仲谷　仁志（弁護士）

JN113464

新日本法規

は　し　が　き

　「終活」という言葉を昨今よく見かけるようになった。終活とは、自らの人生の最後を首尾よく終わらせるため生前に様々な活動をするということだと理解している。自らの死亡後の事務を生前に信頼できる誰かに委託するという死後事務委任契約の締結も、まさにこの終活の一種と言ってよいのではなかろうか。これまでは、人が亡くなれば、相続人の代表者（喪主）が葬儀を執り行った上で、相続人間の合意形成を経て相続財産の処分をすることがほとんどであった。現在も、多くの場合がこれに当たるであろう。しかし、相続人がいなかったり、相続人がいても疎遠であったりすると、途端にこのような流れに乗らず、死亡後の事務の処理に戸惑うこととなる。人間である以上、死を避けて通ることはできないし、ましてや死亡後の事務を自らすることはできない。生前に何の手当てもせずにいると、死亡後に病院の医療費や老人ホーム等の施設利用料等を支払うことができないだけでなく、そもそも誰が葬儀を執り行うのかなど緊急を要する事態にもなりかねない。死後事務委任契約は、このような委任者の死亡後の事務を委任者自身が生前に信頼できる誰かに委託しておくことで、委任者が自らの死亡後の事務をコントロールできる点に意義がある。自らの死を受け止めつつ、人生を終えるに当たって行う終活が注目されている現在では、この死後事務委任契約の締結も、終活の一種として位置付けたい。

　死後事務委任契約を検討するのは、主に終活を意識する高齢者ということになるが、総務省統計局の資料によると、我が国における65歳以上の高齢者の人口は3,623万人、総人口に占める割合は29.1％である（「人口推計」（総務省統計局）2023年8月1日現在）。すなわち、総人口の約3割が高齢者ということになり、このことからも、死後事務

委任契約の潜在的なニーズがあると言える。

　さて、ここで、死後事務委任契約が注目されている理由について触れておきたい。

　生前ないし死亡後の財産の管理及び処理に関する契約や制度には、主に財産管理契約、法定後見制度、任意後見契約、遺言がある。前三者は委任者ないし本人の生前の財産管理に主眼を置くものであるとともに、委任者ないし本人の死亡により終了する。一方、遺言は、本人の死亡後に効力が生じるものではあるが、法的な拘束力が生じるのは法定遺言事項に限られるため、法定遺言事項以外の事項の処理を確実に委ねることができない。死後事務委任契約は、委任者が生前に自らが死亡した場合に備え、受任者に対し、死亡後の事務を委託するものであり、遺言で定めることのできない法定遺言事項以外の事項の処理を委ねることができる。このため、これらの契約や制度の間隙を埋めるものとして期待されているのである。もっとも、これらの契約や制度をそれぞれ単独で利用するのではなく、複合的に取り入れていくべきであると考えられることから、本書では、財産管理契約、任意後見契約、死後事務委任契約、遺言を複合的に利用することを推奨したいと考えている。

　本書は、「事例」「POINT」「誤認例」「本当は」「解説」で構成されている。本書の読者として、弁護士や司法書士等の法律の専門家だけでなく、今後、死後事務委任契約の受任者となり得る社会福祉協議会や相続人、親族等を想定していることから、法律の専門家にとっては初歩的なテーマについても「事例」を設定し、「解説」している。また、「POINT」「誤認例」「本当は」を読むだけで、間違いやすい実務上の例と正しい処理の内容がわかるよう工夫をしたつもりである。「解説」では、「事例」の結論に至るまでに関連する論点や実務上の取扱いについて解説しているが、より専門的な解説については、他の良書を参考

にしていただきたい。

　加えて、「はじめに」の中で、死後事務委任契約を受任する際の確認事項を網羅した「チェックリスト」と、本書において取り上げている問題意識を加味した「モデル条項」をそれぞれ掲載しているので、ぜひ活用いただきたい。もっとも、チェックリストもモデル条項も、それぞれの事案に即した内容に改変し、より利用しやすいものにしていただければ幸いである。

　最後に、本書の企画から出版に至るまで、新日本法規出版の中村佳代子さんには今回も大変お世話になった。ここに感謝申し上げる次第である。

　本書が、死後事務委任契約の締結を検討する読者に役立てばこの上ない喜びである。

　令和５年９月

　　　　　　　編集代表
　　　　　　　弁護士・関西大学大学院法務研究科教授
　　　　　　　　　　　　　尾 島 史 賢

編集・執筆者一覧

《編集代表》

弁護士・関西大学大学院法務研究科教授

尾 島 史 賢　　（尾島法律事務所）

《編集委員》

弁護士　溝 上 絢 子　　（弁護士法人 なにわ共同法律事務所）

弁護士　仲 谷 仁 志　　（神戸あかり法律事務所）

《執筆者》（五十音順）

弁護士　尾 島 史 賢　　（尾島法律事務所・関西大学大学院法務研究科教授）

弁護士　河 端　　直　　（弁護士法人 なにわ共同法律事務所）

弁護士　口 元 一 平　　（弁護士法人 堀総合法律事務所）

弁護士　仲 谷 仁 志　　（神戸あかり法律事務所）

弁護士　西 松 依里子　　（天神法律税務事務所）

弁護士　一津屋 香 織　　（尾島法律事務所）

弁護士　福 塚 圭 恵　　（共栄法律事務所）

弁護士　溝 上 絢 子　　（弁護士法人 なにわ共同法律事務所）

弁護士　山 本 知 広　　（尾島法律事務所）

略　語　表

＜法令の表記＞

　根拠となる法令の略記例及び略語は次のとおりです（〔　〕内は本文中で用いる法令名の略語を示します。）。

　　民法第111条第 1 項第 1 号＝民111①一

民	民法	墓地〔墓地埋葬法〕	墓地、埋葬等に関する法律
公証人	公証人法		
戸籍	戸籍法		
信託	信託法		
任意後見	任意後見契約に関する法律		

＜判例の表記＞

　根拠となる判例の略記例及び出典の略称は次のとおりです。

　　最高裁判所平成21年 3 月24日判決、判例時報2041号45頁
　　＝最判平21・ 3 ・24判時2041・45

判時	判例時報	東高民時報	東京高等裁判所判決時報（民事）
判タ	判例タイムズ		
金法	金融法務事情	民集	最高裁判所民事判例集

目　　次

はじめに

第1章　死後事務委任契約締結時の落とし穴

1　本人の意思能力の有無

2　死後事務委任契約の内容

第2章　死後事務委任契約履行時の落とし穴

1　契約締結後、委任事務履行前後の報告

2　葬儀・法要に関する事務

3　行政官庁等への届出に関する事務

4　病院・施設・自宅の処理に関する事務

5　ペットに関する事務

6　預貯金等の処理に関する事務

7　報酬・諸費用の支払に関する事務

第3章　死後事務委任契約終了時の落とし穴

はじめに

2

1　死後事務委任契約

　死後事務委任契約は、委任者が受任者に対し、委任者が死亡した後の事務について委託することを内容とするものです。

　例えば、委任者が亡くなった後の葬儀や年忌法要、親族や友人・知人への連絡、医療費や施設利用料等の支払等の事務を委任することが考えられます（委任事項につき遺言事項との抵触に留意すべきことは【5】、その他死後事務委任契約履行時の注意点については第2章を参照してください。）。

2　他の契約や制度による死後事務の対応について

　生前ないし死亡後の財産の管理及び処理に関する契約や制度としては、以下のものが存在します。

（1）　財産管理契約

　財産管理契約とは、委任者が、受任者に対し、自己の財産管理や生活上の事務等を委任することを内容とする契約です。

　委任者の死亡により契約は終了します（民653一）。

（2）　法定後見制度

　法定後見とは、精神上の障害により判断能力が十分でない場合に、家庭裁判所が成年後見人等を選任して、成年後見人等が本人のために財産管理や身上監護を行う制度です。

　法定後見は、本人の死亡により終了します（民111①一・653一参照）。成年後見人等が死後事務を行う場合もありますが、死後事務全般を行うことができるわけではありません（【11】参照）。

（3）　任意後見契約

　任意後見契約とは、委任者が、受任者に対し、精神上の障害により事理を弁識する能力が不十分な状況における自己の生活、療養看護及

び財産の管理に関する事務の全部又は一部を委託し、その委託に係る
事務について代理権を付与する委任契約であって、任意後見監督人が
選任された時からその効力を生ずる旨の定めのあるものをいいます
（任意後見 2 一）。

　原則として、任意後見契約は、任意後見監督人が選任されてから委
任者が死亡するまでの事務を対象とする契約です。

　任意後見人が死後事務を行う場合もありますが、死後事務全般を行
うことができるわけではないことは、法定後見と同様です（【10】参照）。

（4）　遺　　言

　遺言とは、自己の財産を活用するために行う遺言者の意思表示です。
遺言は遺言者の死亡時から効力を生じます。

　遺言の内容とする事項には、法定遺言事項と付言事項がありますが、
法的な拘束力が生じるのは法定遺言事項に限られます（【5】参照）。

（5）　死後事務委任契約締結の必要性

　このように、財産管理契約、法定後見制度、任意後見契約は委任者
ないし本人の生前の財産管理に主眼を置くものですし、遺言内容のう
ち法的な拘束力が生じるのは法定遺言事項に限られますので、委任者
ないし本人が亡くなった後の葬儀や年忌法要、親族や友人・知人への
連絡、医療費や施設利用料等の支払等の事務を委任するためには、前
記の契約や制度の利用による対応では十分でなく、死後事務委任契約
を締結する必要があります。

3　死後事務委任契約の利用実態

　このように、死後事務委任契約は、委任者の死亡後の事務を対象と
するものですので、委任者が自らの死亡後にしてもらいたいことがあ
る場合に利用します。

　また、身近に親族がいて、その親族が葬儀や年忌法要、その他の親族や友人・知人への連絡をしてくれたり、その親族が相続人として相続債務たる医療費や施設利用料等を支払ってくれたりする場合には、あえて死後事務委任契約を締結する必要はありません。他方、信頼できる友人が身近にいても、その友人が相続債務たる医療費や施設利用料等を支払う権限がない場合には、その友人と死後事務委任契約を締結することで死後事務を委任することができます。

　以上のとおり、死後事務委任契約は、死亡後にしてもらいたい事務があるが、依頼できる適切な人がいない場合に締結することになります。身寄りのない方や頼れる親族が近くにいない方等がよく利用しています。

　なお、令和2年国勢調査・人口等基本集計結果・結果の概要によりますと、単身世帯は2,115万1,000世帯で、平成27年と比べると14.8％増となっており増加傾向がみられるため、今後、死後事務委任契約のニーズはますます高まると考えられます。

4　死後事務委任契約の流れ

　死後事務委任契約を締結する際の準備から契約の終了までの流れは、以下のとおり、大きく分けると、①死後事務委任契約を締結する際の準備の段階（当該契約の締結前の段階）、②当該契約の締結時の段階、③当該契約の締結後委任者の死亡までの段階、④委任事務の履行の段階、⑤当該契約の終了の段階の各段階に分かれます。

（1）　前記①死後事務委任契約を締結する際の準備の段階（当該契約の締結前の段階）

　死後事務委任契約を締結する際の準備の段階（当該契約の締結前の段階）では、委任者が、当該契約の意義を理解し、受任者に委任しよ

うとしているかの意思を確認する必要があります（【8】参照）。

（2）　前記②死後事務委任契約の締結時の段階

死後事務委任契約の締結時の段階においては、（ア）委任者に当該契約を締結する能力があるかを確認し（【1】参照）、（イ）委任事務をどのような内容とするかを検討するとともに（【4】【5】【7】参照）、（ウ）委任者に読み聞かせて委任事務の内容を理解してもらい（【8】参照）、（エ）死後事務委任契約書を公正証書によって作成するかを検討する（【13】参照）、という経過をたどることになります。

死後事務委任契約の締結時の段階において確認すべき事項については、後記【チェックリスト】にまとめていますので、適宜参考にしてください。

（3）　前記③死後事務委任契約の締結後委任者の死亡までの段階

死後事務委任契約の締結後委任者の死亡までの段階では、受任者は、いつ当該契約が効力を生じるか（つまり、委任者が死亡していないか）を確認するべく、委任者に対して定期的に連絡をすることになります。委任者と受任者との間で、別途、「見守り契約」を締結して、当該契約に基づき受任者が委任者の様子を確認することもあります（【15】参照）。

（4）　前記④委任事務の履行の段階

委任者が死亡して、死後事務委任契約の効力が発生すると、受任者は、相続人に連絡の上、死後事務委任契約の内容に沿って、委任事務を履行することになります（第2章参照）。

（5）　前記⑤死後事務委任契約の終了の段階

受任者が委任事務の履行を完了した場合等の死後事務委任契約の終了の段階において、受任者は、報酬を収受し（【28】参照）、委任者の相続人に対して委任事務の履行の結果の報告及び相続財産の引継ぎを行うことになります（【35】参照）。相続人が不存在の場合、受任者は、相続財産清算人の選任を申し立てることになります（【36】参照）。

【死後事務委任契約の流れ】

死後事務委任契約の流れをまとめると、次のようになります。

① 死後事務委任契約を締結する際の準備の段階
　（当該契約の締結前の段階）

　　　□委任者の意思確認

② 死後事務委任契約の締結時の段階

　　　□委任者に死後事務委任契約を締結する能力があるか
　　　　の確認
　　　□委任事務の検討
　　　□委任者への読み聞かせ
　　　□公正証書によるかの検討

③ 死後事務委任契約の締結後委任者の死亡までの段階

　　　□委任者の状況の確認

④ 委任事務の履行の段階

　　　□相続人への連絡
　　　□委任事務の履行

⑤ 死後事務委任契約の終了の段階

　　　□報酬の収受
　　　□委任事務の履行の結果の報告及び相続財産の引継ぎ
　　　□相続財産清算人選任の申立て

【チェックリスト】

1　契約締結前の確認事項

	確認事項
（1）　総　論	□　死後事務委任契約の締結を検討するに至った経緯（「はじめに」1参照） □　委任者の意思能力の有無（【1】参照） □　遺言の有無 □　（遺言がある場合）遺言執行者の指定の有無（【5】参照） □　委任者との連絡手段、連絡の頻度
（2）　親族関係	□　家族構成、推定相続人の範囲 □　推定相続人の住所・氏名・連絡先 □　親族への連絡の希望の有無 □　（連絡を希望する場合）連絡する親族の範囲及びその住所・氏名・連絡先、連絡の頻度
（3）　財産関係	□　委任事務の履行に要する費用（受任者の報酬を含む。）の確保の可否（財産状況、収入状況等）（【30】参照）

　なお、以下は、委任者が希望する委任事務の内容に応じてご活用ください。

2　契約内容に関する確認事項

	確認事項
葬儀関係（【18】【19】参照）	□　葬儀の形式 □　信仰している宗教や菩提寺の有無

	☐　参列者の範囲 ☐　死亡の連絡をする関係者の範囲及びその 　　住所・氏名・連絡先 ☐　指定の葬儀業者の有無 ☐　葬儀についての費用の目安（　　　　円） ☐　納棺を希望する副葬品の有無 ☐　納骨の方法 ☐　希望する納骨場所（寺院や霊園、墓地等 　　の名称）
行政関係（【20】参照）	☐　健康保険、介護保険等の有無 ☐　年金受給資格、遺族年金等の有無
医療費や入院費等の精算に関する事務手続（【21】参照）	☐　委任者の入通院の状況 ☐　病院の連絡先 ☐　医療費や入院費等についての連帯保証人 　　の有無及びその住所・氏名・連絡先
施設利用料等の精算に関する事務手続（【21】参照）	☐　老人ホーム等の施設の利用状況 ☐　施設の連絡先
遺品の整理・処分に関する事務手続（【22】【23】参照）	☐　遺品の保管場所 ☐　形見分けの希望の有無 ☐　（形見分けを希望する場合）形見分けの 　　対象にしたい物品及びその相手の住所・氏 　　名・連絡先 ☐　遺品の寄附や換価の希望の有無 ☐　遺品や祭祀財産の処分の方法、処分を委 　　託する指定業者の有無

電気、ガス、水道等の利用契約の解約・精算に関する事務手続（【24】参照）	☐　電気、ガス、水道等の利用契約を締結している供給元の確認 ☐　同居者の有無 ☐　利用料金の支払方法 ☐　利用料金の滞納による契約解除により処理をする可能性があることの説明
SNS等の利用契約の解約及びアカウントの削除に関する事務手続（【24】参照）	☐　ログインID及びパスワード等のアクセス情報・メールアドレスの取得 ☐　利用料金の有無及びその支払方法 ☐　利用料金の滞納による契約解除により処理をする可能性があることの説明
賃借物件の明渡しに関する事務手続（【25】参照）	☐　賃貸借契約書の有無及びその内容 ☐　賃貸借契約の解約に関する推定相続人の意思 ☐　不動産管理会社の連絡先 ☐　敷金・保証金の有無及びその残額 ☐　敷金・保証金の返還方法
ペットに関する事務手続（【26】参照）	☐　ペットの引取先の希望の有無 ☐　ペットの引取先が引取りを拒否した場合の希望 ☐　引取りに要する費用 ☐　予防接種証明書の有無 ☐　犬又は猫に係る登録証明書の有無

【モデル条項】

　死後事務委任契約における委任事務として、どのような内容を盛り込むかによって設けるべき条項等が異なります。以下の死後事務委任契約書は委任者に遺言があり、受任者とは別の遺言執行者が指定されていることを前提にしています。

死後事務委任契約書

　委任者○○（以下「甲」という。）と受任者△△（以下「乙」という。）は、甲の死亡後の事務（以下「本件委任事務」という。）について、以下のとおり、死後事務委任契約（以下「本契約」という。）を締結する。

（本件委任事務の内容[1]）

第1条　甲は、乙に対し、本日、以下に定める本件委任事務を乙に委任し、乙はこれを引き受けるものとする。

①　甲が死亡した場合における甲の相続人や親族、友人、知人等関係者への連絡

②　葬儀、納骨の調整・手配

③　年忌法要、永代供養の調整・手配

④　ペットの引渡し等の調整・手配

⑤　病院、老人ホーム等との契約の解約及び精算

⑥　電気、ガス、水道等の利用契約の解約及び精算

⑦　インターネット等の通信契約の解約及び精算

⑧　SNS等の利用契約の解約及びアカウントの削除

⑨　家財道具、生活用品の引渡し又は処分

⑩　行政官庁等への諸届出

⑪　前記各事務に関する費用の支払

（復受任者の選任[2]）

第2条　乙は、本件委任事務の履行のため復受任者を選任することができ、甲はこれをあらかじめ承諾する。

２　復受任者は、甲に対し、乙と同様の権利及び義務を有するものとする。

（受任者の善管注意義務3と委任者の協力義務3）

第3条　乙は、善良なる管理者の注意義務をもって本件委任事務を履行しなければならないものとする。

２　甲は、乙が本件委任事務を円滑に遂行するため必要な協力を誠実に行わなければならないものとする。

（関係者への連絡4）

第4条　乙は、甲の死亡を知ったときは、速やかに、甲が別途書面（省略）をもって指定する者に対し、適宜の方法により甲死亡の事実を連絡しなければならないものとする。

（葬儀5）

第5条　乙は、甲の葬儀を以下の寺院に依頼するものとし、当該寺院との間で必要な調整を行うものとする。

　寺院の名称　○○寺

　所在地　○○県○○市○○町○丁目○番○号

　連絡先　○○－○○○－○○○○

２　前項に定める葬儀に要する費用は、金○円を上限とする。

（納骨6）

第6条　乙は、甲の納骨を以下の寺院（ないし霊園）に依頼するものとし、当該寺院（ないし霊園）との間で必要な調整を行うものとする。

　寺院（ないし霊園）の名称　○○寺（ないし○○霊園）

　所在地　○○県○○市○○町○丁目○番○号

　連絡先　○○－○○○－○○○○

２　前項に定める納骨に要する費用は、金○円を上限とする。

（年忌法要、永代供養7）

第7条　乙は、甲の一周忌法要、三回忌法要及び永代供養を以下の寺院（ないし霊園）に依頼するものとし、当該寺院（ないし霊園）との間で必要な調整を行うものとする。

　寺院（ないし霊園）の名称　○○寺（ないし○○霊園）

　所在地　○○県○○市○○町○丁目○番○号

　連絡先　○○－○○○－○○○○

2　乙は、三回忌法要が終了した後、速やかに、永代供養を前項の寺院（ないし霊園）に依頼し、これをもって年忌法要及び永代供養に関する事務を終了するものとする。

3　一周忌法要、三回忌法要及び永代供養に要する費用は、金○円を上限とする。

（ペットの引渡し等 8 ）

第8条　甲は、乙に対し、甲の死亡後、別紙（省略）に記載の甲所有のペット（以下「本件ペット」という。）の飼育を以下の引取先に依頼し、本件ペットを当該引取先に引き渡すことを委任する。

【引取先】

名称　　○○

所在地　○○県○○市○○町○丁目○番○号

連絡先　○○－○○○－○○○○

2　前項の引取先が本件ペットの飼育及び引取りを拒否した場合（ただし、引取先の飼育及び引取りに関する意思を確認できない場合を含む。）、乙は、引取先を別途選定の上、本件ペットの飼育を当該引取先に依頼し、本件ペットを当該引取先に引き渡すことができる。

3　乙は、第1項又は前項に基づく本件ペットの引渡しに時間を要する場合には、引渡しまでの間、一時的な預り先を選定の上、本件ペットを当該預り先に預けることができる。

4　甲は、乙に対し、乙が第1項又は第2項の本件ペットの引取先及び前項に基づく一時的な預り先に対して本件ペットの飼育に要する費用を支払うことを委任する。なお、乙は、第15条（受任者に対する費用等の預託）に定める預託金から当該費用を支払うことができる。

5　乙は、第1項又は第2項の引取先による本件ペットの飼育状況を、本件ペットの引渡し時から3年間、年○回の頻度で確認しなければならない。

6　甲は、乙に対し、甲の死亡後から本件ペットの引渡し時までの間に、本件ペットが死亡した場合、本件ペットの火葬先を選定の上、本件ペットの火葬を当該火葬先に依頼し、本件ペットを引き渡すこと、本件ペットの死亡に伴う諸届出を行うこと及び本件ペットの火葬に要する費用を支払うことを委任する。なお、乙は、第15条（受

任者に対する費用等の預託）に定める預託金から当該費用を支払う
ことができる。

（病院、老人ホーム等との契約の解約及び精算⑨）

第9条　甲は、乙に対し、甲が入院していた病院、甲が利用していた
　老人ホーム等との契約の解約及び医療費、老人ホーム等の施設利用
　料等の精算に関する手続を委任する。

（電気、ガス、水道等の利用契約及びインターネット等の通信契約の
解約及び精算⑩）

第10条　甲は、乙に対し、甲が契約者である電気、ガス、水道等の利
　用契約及びインターネット等の通信契約の解約及びこれらの利用料
　金の精算に関する手続を委任する。

2　甲は、乙に対し、電気、ガス、水道等の利用契約及びインターネ
　ット等の通信契約の内容を特定するに足りる資料を提示ないし提供
　するものとし、これらの契約の内容に変更があったときは、速やか
　に、変更後の内容を特定するに足りる資料を提示ないし提供するも
　のとする。

3　乙が受任者として第1項に定める手続を履行したにもかかわら
　ず、契約の相手方が手続に応じない場合、甲は、乙が利用料金の滞
　納を原因とする契約解除の方法によって契約を終了させる可能性が
　あること及び乙がこれにより生じた一切の損害を賠償する責任を負
　わないことをあらかじめ承諾するものとする。

（SNS等の利用契約の解約及びアカウントの削除⑪）

第11条　甲は、乙に対し、甲が保有するSNSをはじめとするインター
　ネット上で提供されているサービス（以下「SNS等」という。）の利
　用契約の解約及びアカウントの削除に関する手続を委任する。

2　甲は、乙に対し、前項のSNS等のサービス及びアカウントを特定
　するに足りる情報、SNS等のログインID及びパスワードを提示ない
　し提供することとし、これらの情報に変更があったときは、速やか
　に、変更後の情報を提示ないし提供するものとする。

3　前項の情報の提示ないし提供を受けたにもかかわらず、乙におい
　てSNS等の利用契約の解約及びアカウントの削除ができない場合、
　甲は、乙がこれにより生じた一切の損害を賠償する責任を負わない
　ことをあらかじめ承諾するものとする。ただし、解約及び削除の手

続の対象となるSNS等が課金を伴う場合、甲は、乙が利用料金の滞納を原因とする契約解除の方法によって契約を終了させる可能性があることをあらかじめ承諾するものとする。

（家財道具、生活用品の引渡し又は処分⑫）

第12条　乙は、甲の死亡後、甲の居宅内にある家財道具、生活用品その他の動産類（以下「動産類」という。）を遺言執行者に引き渡す。

2　乙が前項の引渡しを試みたにもかかわらず、遺言執行者と連絡がとれなかったり、遺言執行者から前項の動産類の受領を拒否されたりするなどの事情により動産類の引渡しができなかったときは、乙は当該動産を処分ないし廃棄することができる。

3　乙は、前項の動産類の処分の対価を取得したときは、当該対価を乙の財産と分別して管理しなければならない。

4　乙は、動産類の処分の対価及び第15条（受任者に対する費用等の預託）に定める預託金から動産類の処分ないし廃棄に要した費用の支払を受けることができる。

（行政官庁等への諸届出⑬）

第13条　乙は、甲の死亡後、行政官庁等に対し、甲の死亡にかかる以下の届出ないし事務を行う。

①　年金事務所に対する受給権者死亡届の提出

②　市町村役場に対するマイナンバーカードの返還

③　市町村役場に対する健康保険被保険者証の返還及び資格喪失届の提出

（費用の負担⑭）

第14条　甲は、乙に対し、本件委任事務の履行に要する費用が全て甲の負担となることを承諾するものとする。

（受任者に対する費用等の預託⑮）

第15条　甲は、乙に対し、本件委任事務の費用及び乙の報酬の支払に充てるため、本契約締結時に、金〇円を預託金（以下「本件預託金」という。）として、乙に預託するものとする。ただし、本件預託金には利息を付さないものとする。

2　乙は、本件預託金を乙の財産と分別して管理しなければならない。

3　乙は、甲に対し、本件預託金の預託後速やかに、本件預託金について預り証を発行するものとする。

4　乙は、本件委任事務（甲の死亡前に行うべき事務がある場合を含む。）の履行に要する費用をその都度本件預託金から支払うことができる。

5　乙は、本件預託金に不足が生じ又は不足することが見込まれる場合には、甲に対し、不足又は不足が見込まれる額の追加預託を請求することができる。

6　乙は、第1項の本件預託金の預託又は前項の追加預託があるまで本件委任事務の履行を中止することができる。

（報告義務16）

第16条　乙は、甲に対し、本契約締結後○か月ごとに本件預託金の保管の状況を書面により報告しなければならない。

2　乙は、本件委任事務の履行に着手したときは、甲の相続人及び遺言執行者に対し、本件委任事務の履行に着手した旨を報告し、以後、○か月ごとに本件委任事務の履行の状況を報告しなければならない。なお、本契約が本件委任事務の履行の完了その他の事由により終了した場合の報告については、第22条（本契約終了後の事務）の定めによるものとする。

（報　酬17）

第17条　甲は、乙に対し、本件委任事務の報酬として金○万円（消費税別）を支払うものとする。

2　乙は、本件委任事務の履行が完了した後、本件預託金から前項の報酬の支払を受けることができる。

3　乙が復受任者を選任した場合には、復受任者の報酬は第1項の報酬に含まれるものとする。

4　乙が第22条（本契約終了後の事務）第1項に基づいて本件預託金を精算した後も、本件預託金に残金がある場合、当該残金は、乙の本件委任事務の追加報酬として充当する。

（委任者による解除18）

第18条　甲は、いつでも本契約を解除することができる。ただし、甲は、やむを得ない場合を除き、解除によって乙に生じた損害を賠償しなければならない。

2　甲の相続人は、甲の死亡後、以下の事由が生じた場合に限り、本契約を解除することができる。

①　乙がその心身の故障その他の事由により本件委任事務を行うことが不可能又は著しく困難であるとき

②　乙が本契約の義務に違反し、甲の相続人が相当の期間を定めて催告をしたにもかかわらず是正されないとき

③　乙が本契約の義務に違反し、その程度が重大であるとき

（受任者による解除19）

第19条　乙は、甲が本契約の義務に違反し、乙が相当の期間を定めて催告をしたにもかかわらず是正されないときは、本契約を解除することができる。

2　乙は、やむを得ない事由があるときは、甲に対する○日前の書面による通知をもって本契約を解除することができる。

3　前2項の定めにかかわらず、乙は、以下の事由があるときは、直ちに本契約を解除することができる。

①　乙がその心身の故障その他の事由により本件委任事務を行うことが不可能又は著しく困難であるとき

②　甲が本契約の義務に違反し、その程度が重大であるとき

③　本件委任事務の全部又は一部が乙の責に帰することのできない事由により不能となったとき

（委任者死亡の場合の本契約の効力20）

第20条　本契約は、甲が死亡した後の法律行為及び事務を乙に委任するものであり、民法第653条第1号の定めにかかわらず、甲が死亡しても本契約は終了せず、甲の相続人は、甲の本契約上の権利義務を承継する。

2　甲の死亡により本契約上の権利義務を承継した甲の相続人は、第18条（委任者による解除）第2項各号に定める場合を除き、本契約を解除することができない。

（本契約の終了事由21）

第21条　本契約は、以下の事由が生じたときは終了するものとする。

①　本件委任事務の履行が完了したとき

②　乙につき成年後見、保佐若しくは補助の開始又は任意後見監督人の選任の審判があったとき

③　乙につき破産手続開始の決定があったとき

④　乙が死亡したとき

（本契約終了後の事務22）

第22条　乙は、本契約終了後、遅滞なく、本件預託金を精算しなければならない。

2　乙は、前項の精算の結果、本件預託金において本件委任事務の費用及び乙の報酬に不足が生じた場合には、甲の相続人又は遺言執行者に対し、その不足額の支払を請求することができる。

3　乙は、本件委任事務の履行に当たって甲の金銭、動産、証券等を保管しているときは、本契約終了後、遅滞なく、これらを甲の遺言執行者に引き渡さなければならない。

4　乙は、第2項の定めにかかわらず、前項により保管している金銭があるときは、乙の本件委任事務の費用及び乙の報酬の不足分に当然に充当することができる。

5　乙は、本契約終了後○か月以内に、甲の相続人又は遺言執行者に対し、以下の事項について書面をもって報告しなければならない。

①　本件委任事務の履行の状況とその結果

②　本件委任事務の履行に要した費用の額及びその内訳

③　本契約に基づく乙の報酬の額及びその収受の状況

④　本件預託金の保管の状況及び精算の結果

⑤　本契約に基づいて保管している金銭、動産、証券等の有無及びその保管の状況

6　甲の生存中に本契約が終了した場合、乙は、本条に基づく甲の金銭、動産、証券等の返還及び本件委任事務の履行の状況の報告は、甲に対して行うものとする。

（守秘義務）

第23条　乙は、本契約によって知るに至った甲の秘密を正当な理由なく第三者に漏洩してはならない。

（契約の変更その他の協議）

第24条　甲及び乙は、甲の生存中、いつでも本契約の変更を求めることができる。

2　前項による変更の申出があった場合その他本契約に定めのない事項が生じた場合には、甲及び乙が協議して対応するものとする。

（管轄裁判所）
第25条　本契約に関する甲又は甲の相続人等と乙との間の紛争につい
ては、○○地方裁判所を第一審の専属的管轄裁判所とする。

　　甲及び乙は、以上のとおり、本契約が成立したことを証するため、
本契約書23を2通作成するとともに、乙が甲に対して本契約の内容を
読み聞かせた上で、甲乙それぞれ記名（署名）押印24し、甲乙各1通
を保有するものとする。

○○年○○月○○日

　　　　　　甲
　　　　　　　住所　　○○県○○市○○町○○丁目○○番○○号
　　　　　　　氏名　　○○○○　　㊞

　　　　　　乙
　　　　　　　住所　　○○県○○市○○町○○丁目○○番○○号
　　　　　　　氏名　　○○○○　　㊞

<ポイント>
[1]　本件委任事務の内容
　死後事務委任契約における委任事務の内容を明確にしておく必要があり
ます。また、法定遺言事項については遺言で定めることとし、死後事務委
任契約の効力に疑問が生じないようにしましょう（【5】参照）。
[2]　復受任者の選任
　復受任者の選任については【6】を参照してください。
[3]　善管注意義務・協力義務
　死後事務委任契約も委任契約の一種ですので、受任者は善管注意義務を
負います（民644）。ここでは、委任者にも、受任者に対する協力義務を課し
ています。
[4]　関係者への連絡
　受任者は、委任者が死亡した事実を把握した場合、死後事務委任契約に
基づく委任事務として関係者への連絡をすることになります。それと同時

に、委任者の死亡は相続開始の効果も生じ、相続人は委任者としての地位を承継することになるため、受任者は、委任者の相続人に対して報告義務を負い、死後事務の遂行に際して通知や連絡をする必要があります（【17】参照）。

⑤　葬　儀

　委任者に成年後見人が選任されていた場合でも、成年後見人は、原則として葬儀の手配をすることができないといわれていますので、死後事務委任契約の受任者が葬儀の手配をする旨明記しておきましょう。その際に、委任者の宗派や葬儀を執り行う寺院の名称及び所在地、連絡先、葬儀の規模、葬儀費用の上限等を盛り込んでおくとよいでしょう。委任者の死亡後に相続人や親族との間で紛争が発生しないよう葬儀の内容等を相続人や親族に事前に説明しておくのが望ましいです（【18】参照）。

　また、火葬許可証を取得するためには受任者以外の者の協力が必要となる場合があります。葬儀会社との間で火葬までの流れについて事前に確認しておく必要があります（【19】参照）。

⑥　納　骨

　葬儀の手配（第5条）と同様に、死後事務委任契約の受任者が納骨の手配をする旨明記しておきましょう。その際に、納骨を行う場所及び所在地、連絡先、規模、費用の上限等を盛り込んでおくとよいでしょう（【18】参照）。

⑦　年忌法要、永代供養

　委任者の死亡後余りに長期間の死後事務を受任することはその実現可能性の問題もあり、避けるべきでしょう（【4】参照）。

　死後事務委任契約の受任者としては、葬儀と同日に繰り上げて行われることが多い初七日法要までとするか、長くても三回忌法要までが一般的でしょう（【18】参照）。

⑧　ペットの引渡し等

　委任者と受任者は、引取先の信用性を十分に検討した上で引取先を決定し、死後事務委任契約書においても、引取先を明示しておくべきです（第1項）。もっとも、ペットの引取先を決定していても、引取先がペットの引取りを拒否することもあり得ますので、引取先がペットの引取りを拒否した場合には、受任者において、適宜の引取先を決定し、引渡しができる旨を定めておくとよいでしょう（第2項）。

　また、引取りまでに時間を要する可能性がありますので、引取先への引渡しまでの間、ペットを一時的に預ける必要がある場合には、一時的な預り先を選定の上、預けることができる旨についても定めておくとよいでしょう（第3項）。

　さらに、引取先に対して支払うべき飼育料等の飼育に要する費用の支払を委任事務とする場合には、委任者から生前に当該費用を預かっておくのが望ましく、預託金から当該費用を支払うことができる旨も定めておきましょう（第4項）。

　死後事務委任契約の内容に、引渡し後のペットの飼育状況の確認を行うことを含める場合は、確認を行う期間が長期間に及ばないよう、期間を限定しておくことが望ましいでしょう（第5項）。

　委任者の死亡後からペットの引渡し時までの間にペットが死亡した場合に備えて、受任者に対し、そのような場合には、ペットの火葬先を選定の上、ペットの火葬を当該火葬先に依頼し、ペットを引き渡すこと、ペットの死亡に伴う諸届出を行うこと及びペットの火葬に要する費用を支払うことを委任する旨を定めておくことも考えられます（第6項）（【26】参照）。

9　病院、老人ホーム等との契約の解約及び精算

　委任者が病院に入院していたり、老人ホーム等の施設に入居していたりする場合には、病院、老人ホーム等との契約の解約をする必要があります。その際に、病院の医療費、老人ホーム等の施設利用料等の精算をする必要がありますので、委任者は、受任者に対し、精算に関する手続を委任しておくべきでしょう（【21】参照）。

10　電気、ガス、水道等の利用契約及びインターネット等の通信契約の解約及び精算

　委任者が契約者である電気、ガス、水道等の利用契約及びインターネット等の通信契約を解約する必要があります。その際に、これらの利用料金の精算をする必要がありますので、委任者は、受任者に対し、精算に関する手続を委任しておくべきでしょう。

　もっとも、契約の相手方が死後事務委任契約の受任者による解約手続等に応じない可能性があるため、委任者又は委任者の相続人に対し、これを説明しておくことが望ましいでしょう（【24】参照）。

11　SNS等の利用契約の解約及びアカウントの削除

　委任者がSNS等を利用していた場合には、利用契約の解約及びアカウントの削除をする必要があります。

　もっとも、利用規約等により利用契約の解約手続を行うことのできる者が限定されており、SNS等の役務提供者が死後事務委任契約の受任者による解約手続に応じない可能性がありますので、委任者から事前にログインID及びパスワードを聴き取っておくようにしましょう（【24】参照）。

　もっとも、ログインID及びパスワードの相違により利用契約の解約及びアカウントの削除ができない可能性があるため、委任者又は委任者の相続人に対し、これを説明しておくことが望ましいでしょう。

12　家財道具、生活用品の引渡し又は処分

　委任者が動産類の引渡先を相続人とすることを希望したときは、相続人が1人の場合は当該相続人に、相続人が複数の場合は相続人の代表者を決めてもらい、当該代表者に引き渡す旨を定めておくべきでしょう（【35】参照）。

　動産類の中には財産的価値のある物、写真や遺影のような主観的に価値があると想定される物も含まれていることが考えられるので、相続人とトラブルにならないよう事前に相続人の意向を確認したり、既に遺言書が作成されている場合は遺言書の内容と齟齬がないか確認したりする必要があります。

　動産類の中に財産的価値のある物が含まれている場合は、遺言制度の潜脱となり不適切であると考えられるため、死後事務委任契約の締結に合わせて遺言書を作成し、相続させたり遺贈したりすることになる相続人や受遺者、遺言内容を実現する役割を担う遺言執行者を定めるとともに、動産類の引渡先を遺言執行者とすることを検討すべきでしょう（【22】【23】【35】参照）。

　もっとも、遺言執行者に動産類の引渡しができない場合に備えて、動産類の処分ないし廃棄についても定めておくとよいでしょう。

13　行政官庁等への諸届出

　死後事務委任契約の受任者が委任者の相続人や親族ではない場合には、行政官庁等に対する届出や手続の内容によっては委任事務を遂行できない可能性があるので、注意が必要です（【20】参照）。

[14] 費用の負担

　民法上、委任契約に基づく事務（委任事務）の遂行に要した費用は、委任者の負担となります（民649・650）（【30】参照）。

[15] 受任者に対する費用等の預託

　民法上、委任契約においては、受任者は、委任者に対し、委任事務を処理する費用の前払を請求することができます（民649）。そして、委任者の死亡後においては、相続人が被相続人の財産に属した一切の権利義務を承継するため、委任者の相続人が当該費用の請求先となります。その結果、委任者の相続人は、受任者に対し、預託金に不足が生じた場合には、当該不足分たる追加の費用（追加費用）の前払をする義務があります。

　また、円滑な追加費用の支払を受けるために、受任者においては、委任事務の遂行における収支の報告や今後必要となる委任事務に要する費用の見積書等を、委任者の相続人に開示・説明しておくとよいでしょう。万が一、追加費用を支払ってもらえない場合は、委任事務の履行は不可能となりますから、受任者は履行不能を理由として契約を解除することができます（【30】【31】参照）。

[16] 報告義務

　死後事務委任契約を締結した後、委任者が死亡しておらず、契約の効力がまだ発生していないとしても、契約は有効に成立していることから、受任者は民法645条に基づく報告義務を負います。

　特に、事前に委任事務を遂行するための資金を預かっているような場合には、受任者が預り金を使い込んだり、不正に引き出したりしたと疑われないためにも、自ら積極的に預り金の保管の状況を定期的に報告すべきです。

　委任者の死亡後は、相続人が被相続人の財産に属した一切の権利義務を承継するため、受任者は、委任者の地位を承継した委任者の相続人に対し、死後事務委任契約に基づく報告義務を負うことになります。

　委任事務の遂行に要する期間が長期に及ぶ場合には、委任事務の遂行やそれに伴う収支の状況を1か月から3か月に1回程度の頻度で報告しましょう（【16】【35】参照）。

[17] 報　酬

　死後事務委任契約も委任契約であるところ、委任契約における受任者は、

原則として無報酬とされており、契約に定めがある場合のみ、報酬を請求することができます（民648①）。そのため、死後事務委任契約において報酬を受領する場合は、当該契約にその旨を定める必要があります。

　本条は、委任事務の履行が完了した後に一括で報酬の支払を受けることを想定していますが、定期的にあるいは特定の時期（例：着手時に金〇万円、履行完了時に金〇万円）に報酬の支払を受けることを定めることも可能です。

　また、委任事務ごとに個別に報酬を定めることも可能です。

　個別に報酬を定める場合の例は、以下のとおりです（【28】参照）。

［個別に報酬を定める例］

> 　甲は、乙に対し、本件委任事務の報酬として、以下の報酬（消費税別）を支払う。
> 　葬儀に関する報酬・・・金〇万円
> 　火葬に関する報酬・・・金〇万円
> 　行政官庁等の諸手続に関する報酬・・・金〇万円
> 　医療費・施設利用料等の精算に関する報酬・・・金〇万円
> 　遺品の整理に関する報酬・・・金〇万円
> 　不在者財産管理人選任の申立てに関する報酬・・・金〇万円
> 　相続財産清算人選任の申立てに関する報酬・・・金〇万円

　死後事務委任契約において、報酬の支払時期を定めない場合、受任者は、委任事務の履行完了後、委任者の地位を承継した相続人又は相続財産清算人（遺言において遺言執行者が定められている場合には遺言執行者）に対して報酬を請求することになりますが、受任者は、受任者の報酬相当額を預かり、預り金から自らの報酬を受領することも可能です。その場合は、死後事務委任契約において、報酬を預り金から支出することができる旨を定めておくことが必要となりますので、注意が必要です（【28】【29】参照）。

　なお、預り金から死後事務に要した費用を精算した後、当該預り金の残金を報酬に充当する旨を定めておくことで、受任者は当該預り金の処理に困らずに済みます（【7】【31】参照）。

18 委任者による解除

　委任者は、いつでも死後事務委任契約を解除することができます。ただし、解除によって受任者に損害が生じる場合がありますので、この場合には、民法651条に基づき、金銭で調整することを念頭に置いています（【33】参照）。

19 受任者による解除

　民法651条の定めとは異なり、一定の場合に限って受任者による解除を認めることで、委任事務の履行を担保する内容としています（【33】参照）。

20 委任者死亡の場合の本契約の効力

　委任契約は、原則として、当事者の死亡により終了します。委任者の死亡後に、事務の処理を依頼する旨の委任契約であることが明らかな場合は、死亡により終了しないという当事者間の合意があったとして、委任者の死亡によっても契約は終了しないと解釈されますが、疑義を生じさせないために、委任者の死亡により契約が終了しないことを明記した方がよいでしょう（【2】参照）。

　委任者の死亡により契約上の地位を承継した相続人は、原則として、契約を解除することができます。そうすると、委任者の死亡後に、委任者の相続人から契約を解除されるリスクがあることから、委任者の相続人からの解除に制限を設ける条項を定める必要があります（【33】参照）。

21 本契約の終了事由

　本件委任事務の履行が完了したときに加えて、死後事務委任契約は信頼関係を基礎とする契約であるため、民法653条に記載の各事由を基に、当該事由が受任者において発生した場合は信頼関係を破壊する可能性があるとして、契約の終了事由としています（【32】参照）。

22 本契約終了後の事務

　受任者は、死後事務委任契約における委任事務の終了に当たり、委任者の相続人又は相続財産清算人に対し、収支計算報告書等を提出して委任事務の内容及びそれに伴う収支の状況を報告するとともに、預かっている金銭や物品等を引き渡さなければなりません。その際、委任事務の内容及びそれに伴う収支の状況について、できるだけ詳細かつ分かりやすい資料を作成するようにしましょう（【16】【35】参照）。

　なお、監督者条項は、死後事務委任契約の受任者の委任事務の履行の状況を監督するために監督者を選任した場合に設けます（【14】参照）。そのため前記モデル条項にはあえて掲載していません。

　監督者を選任した場合の条項例は以下のとおりで、第22条の次に設けます（【14】参照）。

［監督者条項］

　1　委任者は、受任者の本件委任事務の履行の状況を監督するため、監督者として、以下の者を指定する。

　弁護士　○○

　（事務所所在地○○県○○市○○町○丁目○番○号　○○弁護士会所属　登録番号○○）

　2　受任者は、監督者に対し、委任者の死亡後３か月ごとに、本件委任事務に関する以下の事項について書面により報告するものとする。

　①　本件委任事務の履行の状況とその結果

　②　本件委任事務の履行に要した費用の額及びその内訳

　③　本契約に基づく報酬の額及びその収受の状況

　④　預託金の保管の状況及び精算の結果

　⑤　本契約に基づいて保管している金銭、動産、証券等の有無及びその保管の状況

　3　受任者は、監督者の請求がある場合には、いつでも、速やかに、求められた事項について報告するものとする。

　4　監督者は、第○条に定める解除事由があるときは、遅滞なく、受任者に対して是正を求めるとともに、委任者の相続人へ報告するものとする。

　5　監督者に対する報酬及び費用の支払等委任者と監督者との間の権利義務については、委任者と監督者において別途定めるものとする。

23　契約書の方式

　死後事務委任契約は、必ずしも公正証書による必要はありませんが、委任者の生前の意思を明確にする観点から、公正証書によって作成しておくことが望ましいです（【13】参照）。

24　押印の要否

　昨今の押印廃止の動きを受けて、押印の要否については検討の余地がありますが、ここでは押印を必須として、記名押印又は署名押印を想定しています。

第 1 章

・・・・・・・・・・・・・・・・・・・・・・・・・・

死後事務委任契約
締結時の落とし穴

28

1　本人の意思能力の有無

【1】　委任者の意思能力がなくても推定相続人が承諾していれば死後事務委任契約は締結してもよい!?

　XはAの夫からAが死亡した場合の死後事務を委任したいとの依頼を受けた。Aは認知症を患っており意思能力はない状態であるが、死後事務委任契約を締結することができるか。

POINT	・死後事務委任契約は当事者間の合意によって成立するものであるため、委任者の意思能力があることが必要である

誤認例	委任者の意思能力がなくても推定相続人が承諾していれば死後事務委任契約を締結することができる。

本当は	委任者の意思能力がない場合には、死後事務委任契約を締結することができない。

解　説

1　契約を締結するのに必要な意思能力

　全ての契約を締結するためには当事者の意思能力が必要です。

　意思能力とは、自己の行為の結果を判断するに足るだけの精神能力を指し、契約の時点で当事者がこの意思能力を有していなかった場合、

その契約は無効となります（民3の2）。

　この規定に例外はなく、たとえ委任者の推定相続人が死後事務委任契約の締結を承諾していたとしても、委任者に意思能力がない場合、契約は無効となります。

2　死後事務委任契約を締結するのに必要な意思能力

　意思能力の有無を判断するにおいては、法律行為ごとにその法律行為をすることの意味を弁識する能力があるかを個別に判断する考え方と、事理を弁識する能力があるか否かで一律に意思能力の有無を判断する考え方があり、解釈に争いがあります。

　いずれにしても、少なくとも死後事務委任契約で定められている内容を認識できない状態であれば、意思能力はなく契約は無効であると判断されるので、注意が必要です。

3　意思能力の有無を判断する際の注意点

　死後事務委任契約を締結するに当たっては、意思能力が備わっているか確認する必要があります。

　特に、委任者が高齢であったり、判断能力に少しでも疑義が生じたりした場合には、意思能力の有無の判断を慎重に行う必要があります。

　意思能力に問題を抱えている場合でも表面上の会話は問題なくできるといったこともありますので、委任者からの聴取だけではなく、委任者の親族等から委任者の状態（委任者が認知症の診断を受けていないかなど）を聴取したり、医療機関に通院している場合には診断書やカルテ等の診療情報を取り寄せたりして、委任者の意思能力に問題がないかなど確認する方がよいでしょう。

4　意思能力に疑義が生じる事情がある場合の注意点

　委任者が高齢であったり、認知症と診断されていたりする場合には、たとえ契約締結時に契約の内容を理解する意思能力を有していたとしても、後に相続人等から委任者に意思能力がなかったのではないかと疑義を持たれ、トラブルに発展する危険性があります。

　したがって、意思能力に疑義が生じる事情がある場合には、事前に推定相続人に対しても死後事務委任契約の締結について説明しておく方がよいでしょう。

　委任者の意思能力の状態について診断書やカルテ等の診療情報を取得したり、契約時の状況を動画で記録したりしておくなど、後から当時の意思能力の状態を客観的に示すことができるよう工夫することが考えられます。

　また、公正証書によって死後事務委任契約が作成された場合には、第三者的な立場の公証人が委任者に意思能力があると判断した上で契約を締結したことになりますので、トラブルを防止する観点からも公正証書によって死後事務委任契約を作成する方が望ましいでしょう。

5　結　論

　Aは認知症を患っており意思能力はない状態ですので、たとえ推定相続人であるAの夫の同意があったとしても死後事務委任契約は無効となります。

　委任者が高齢であるなど意思能力に疑義が生じる場合には、意思能力があるか否か慎重に確認した上で、契約を締結する必要があります。

2　死後事務委任契約の内容

【2】　委任契約は委任者の死亡で終了するため、死後事務委任契約は効力を有しない!?

　弁護士Xは、Aを委任者とする死後事務委任契約を締結したが、委任契約はAの死亡によって終了するとされているため、死後事務委任契約はそもそも効力を有しないのではないか。

POINT　・民法653条１号の規定にかかわらず、委任者が死亡した場合であっても委任契約は終了しない旨を定めておけば、委任契約は終了せず、死後事務を委任する内容の契約も有効である

| 誤認例 | 委任者が死亡すれば委任契約は終了するので、死後事務を委任する内容の契約をすることはできない。 |

| 本当は | 民法653条１号は任意規定であり、死後事務を委任する内容の契約をすることは可能である。 |

解　　説

1　委任者の死亡による委任契約の効力

　民法653条１号は、委任契約が委任者又は受任者の死亡によって終了すると定めています。

　委任は、当事者間の個人的な信頼関係を基礎とする契約であることから、委任者又は受任者が死亡した場合には終了する（委任者又は受

任者の相続人に契約関係は承継されない）のが原則です。

　当事者間において委任者が死亡したとしても委任契約は終了しない
旨を合意した場合にも当該規定が適用されるのか、それともそのよう
な合意がある場合には当事者間の合意が優先されて委任者の死亡後も
委任契約は継続するのか（当該規定は強行規定か任意規定か）という
問題がありました。

　この点、最高裁平成 4 年 9 月22日判決 (金法1358・55) は、委任者の死
亡によっても委任契約を終了させない旨の合意が認められる場合に
は、委任契約は終了しないと判断しており、現在においては、委任者
の死亡後に法律行為をすることを内容とする委任契約を締結できると
いうのが実務上も確定した取扱いとなっています。

　なお、委任する内容が法律行為ではない事務の委託である場合は、
委任契約ではなく準委任契約となります。この場合でも民法653条 1
号は準用されるので (民656)、原則として委任者の死亡によって準委任
契約は終了しますが、委任契約の場合と同様に委任者の死亡によって
契約を終了させない旨の合意が認められる場合には準委任契約は終了
せず、死後事務を委任する内容の契約も有効とされています。

2　委任者の死亡によっても委任契約が終了しない場合

　委任者の死亡によっても委任契約を終了させない旨の合意が認めら
れる場合というのは具体的にはどのような場合でしょうか。

　委任者の死亡によっても委任契約は終了しないとの判断を示した前
記最高裁判例は、「自己の死後の事務を含めた法律行為等の委任契約
が委任者と受任者との間に成立したとの原審の認定は、当然に、委任
者の死亡によっても右契約を終了させない旨の合意を包含する趣旨の
ものというべく、民法653条の法意がかかる合意の効力を否定するも
のではないことは疑いを容れないところである」と判示しています。

　つまり、委任者の死亡によって委任契約が終了しないということが
明記されている場合のみならず、委任契約の合意内容から死後事務を

委任する内容の契約であることが明らかである場合は、当然に委任者の死亡後も死後事務委任契約は終了せずに継続するとの合意が含まれていると考えられるので、死後事務委任契約は委任者の死亡によって終了しないことになります。

3　結　論

　委任契約は、原則として、委任者の死亡により終了するので、Aの死亡後に委任契約の効力を継続させてXが死後事務を行うためには、Aの死亡後にも委任契約が終了しないことを明らかにしておく必要があります。前記最高裁判例でも示されているように、委任契約の内容として死後事務を委任したものであると認められる場合には死亡により委任契約は終了しないとされていますので、一般的な死後事務委任契約においてはAの死亡により契約が終了しないということを明記せずとも、Aの死亡による契約の終了が問題となることは余り想定されません。

　もっとも、Aが入居していた老人ホーム等の施設利用料等の支払を生前に委任されており、Aの生前に委任事務を処理し切れずAの死亡後にも委任事務を行う必要が生じた場合等、契約内容によっては死後事務を委任されたことに疑義が生じる可能性もあります。死後事務委任契約を締結する際には、直接的に、委任者の死亡によって委任契約が終了しない旨を明記しておくことが、紛争の予防に有益です。

《参考となる判例等》

○葬式及び法要の費用、並びに家政婦等への謝礼金を支払うことを内容とする委任契約が締結された場合に、当該委任契約には委任者の死亡によって契約を終了させない旨の合意が包含されており、民法653条1号にかかわらず委任者の死亡によって当該委任契約は終了しないとした事例（最判平4・9・22金法1358・55）

【3】　死後事務委任契約の受任者は、委任契約に違反した場合には必ず損害賠償責任を負う!?

　死後事務委任契約の受任者であるXは、Aから委任された委任事務のうちの一部を履行しなかった。Xは、契約に違反したとして損害賠償責任を負うか。

POINT	・受任者が委任契約に違反した場合は、原則として債務不履行に基づく損害賠償責任を負うことになる ・責任の追及を行う主体は委任者の相続人や相続財産清算人であるため、これらの者が存在しない場合には、受任者は責任を追及されないこともある

誤認例	死後事務委任契約も一種の契約であるため、契約に違反した場合には必ず損害賠償責任を負う。

本当は	受任者の責任を追及する主体が存在しない場合には、受任者は損害賠償責任を負わないこともある。

解　　説

1　契約に違反した場合の原則的な処理

　民法上、契約に違反した場合には債務不履行責任を負うのが原則であり、その責任の内容としては債権者に生じた損害の賠償ということになります（民415①本文）。

　そして、「債権者は、［中略］損害の賠償を請求することができる」という条文の文言からも明らかなように、責任の追及を行い得る主体は債権者です。

　したがって、契約違反があった場合、通常は、契約を締結した債権者が、契約の他方当事者である債務者に対し、自らが被った損害について賠償を求めることになります。

2　死後事務委任契約の特殊性

　死後事務委任契約の場合は、契約を締結した者と責任を追及する者とが異なり、ここに死後事務委任契約の特殊性が存在します。

　すなわち、死後事務委任契約の受任者が委任事務を履行する局面においては、契約を締結したもともとの委任者は既に死亡しています。そのため、責任を追及する者は委任者以外の者ということになり、具体的には委任者の相続人や相続人が存在しない場合に家庭裁判所によって選任される相続財産清算人（民952）が想定されます。

3　責任の追及を行う主体が存在しない場合

　委任者に相続人が存在しないことも珍しくなく、また、相続財産清算人の選任を申し立てるには、家庭裁判所に納める費用だけでも一定額が必要となるため、相続財産清算人の選任の申立てが行われないこともあり得ます。そうすると、相続人の不存在や相続財産清算人の不存在となるような事態は決してまれではありません。

　このような場合、たとえ受任者に債務不履行の事実が認められたとしても、その責任を追及する者が存在しないということが起こり得ます。

4　損害の立証の観点

　損害賠償責任を追及する際には、責任の追及を行う側において損害が発生したことを立証する必要があります。

　死後事務委任契約において債務不履行があった場合の損害としては、典型的には、善管注意義務違反により財産を散逸させた場合のその減少・消失した財産の相当額が想定されますが、必ずしも損害の立証に成功するわけではありません。

　このようなこともあり、債務不履行の事実が明らかであったとしても、責任の追及を事実上断念してしまうこともあり得ます。

5　結　論

　Xには、委任事務の不履行という点で債務不履行が認められますので、損害賠償責任を負うのが原則です。しかし、責任を追及する主体が存在しない場合や、責任を追及する側が損害の立証に成功しなかった場合、そもそも責任の追及を断念した場合等には、結果として損害賠償責任を負わないこともあります。

【4】　長期にわたる死後事務であっても委任事務とすることができる!?

　弁護士Xは、Aからの依頼を受けて、死後事務委任契約を締結することになったが、Aは、自らの死亡後、四十九日、一周忌、三回忌、七回忌、十三回忌、十七回忌の各法要をして、最後に三十三回忌で弔い上げをすることまでXに依頼したいと考えている。このような死後事務を委任事務としてもよいか。

POINT	・委任者の死亡後余りにも長期にわたる死後事務を委任事務とすべきではない

誤認例	死後事務委任契約さえあれば、委任者の死亡後長期にわたる死後事務であっても委任事務としてよい。

本当は	委任者の死亡後余りにも長期にわたる死後事務を委任事務とすることは避けるべきである。

解　　説

1　長期にわたる死後事務を依頼するニーズ
　死後事務は、短期間で終了するものが比較的多いですが、長期にわたって対応が必要となるものも存在します。長期にわたって対応が必要となる死後事務としては、委任者が信仰してきた宗派における法要を継続的に行うことが考えられます。

　この点、そもそも「祭祀に関する権利」は、相続の対象とならず、「慣習に従って祖先の祭祀を主宰すべき者が承継する。ただし、被相続人の指定に従って祖先の祭祀を主宰すべき者があるときは、その者が承継する」（民897①）とされています。

　このため、被相続人としては、遺言において、祭祀を承継してもらいたい人を指定しておけば、祭祀を承継してもらうことができますし、その人に年忌法要等も依頼しておくのが適切です。

　しかしながら、例えば、相続人がいない場合や、相続人がいても祭祀の承継を頼めるような関係でない場合、祭祀承継者として適切な人がいない場合もありますし、委任者としては祭祀を全て承継してもらうよりも、具体的に行ってほしい年忌法要等の行事だけを死後事務として取り出して依頼したい場合があるかもしれません。

　このような場合、委任者において、年忌法要等の行事を死後事務とするニーズが生じます。

2　委任者死亡後余りにも長期にわたる死後事務委任の弊害

　委任者から年忌法要を実施することについて依頼された場合でも、三十三回忌までの年忌法要を全て委任事務としてよいかは慎重に検討すべきでしょう。

　死後事務委任契約の受任者が委任者の死亡後余りにも長期にわたる死後事務を受任すれば、受任者は長期にわたって死後事務委任契約に拘束されることになり、過度な負担となることが想定されます。また、長期間が経過すれば、受任者の状況も大きく変わっていて（受任者の死亡や病気療養、廃業等）、死後事務委任契約の履行に支障が生じることも少なくないと考えられます。

　さらに、死後事務委任契約の内容が委任者の相続人や親族の意向に反する場合、委任事務の処理が長期間に及ぶほど、委任者の相続人や

親族との間でトラブルに発展するリスクが増大してしまいます。

　このようなことから、「長期的な事務は、相続人や祭祀の承継者での対応が可能であり、やむを得ない場合を除き、死後事務委任契約の範囲とすべきでないと考えられ」るといった見解が示されています（松川正毅編『新・成年後見における死後の事務　円滑化法施行後の実務の対応と課題』274頁（日本加除出版、2019））。また、「長期に及ぶ事務は、相続人や祭祀継承者で行うことも可能であることとの関係で、権限調整が生じる。原則としてやむを得ない場合を除き、長期の委任事務には慎重であるべきと解される」（熊田均「死後事務委任契約と消費者被害」月報司法書士597号41頁）といった見解もあります。

3　死後事務委任契約を締結する際に留意すべき事項

　死後事務委任契約の委任事務処理期間を制限する法令はないため、死後事務委任契約さえあれば、委任者の死亡後長期にわたる委任事務であってもその内容に盛り込むことに支障はないと考えてしまいがちです。

　しかしながら、前記のとおりの弊害もありますので、委任者の死亡後余りにも長期にわたる死後事務を委任事務とすることは避けるべきでしょう。

　裁判例には、死後事務委任契約の成立を認めた上で、委任者が死亡してから2～3年経過した後の事務処理のために費消された金員について、受任者に対して、不法行為責任を問うことはできないと判断し、受任者が責任追及を免れた事例（東京高判平11・12・21判タ1037・175）があり、おおむね3年程度で完了することができるものを委任事務とすべきでしょう。

　長期的な年忌法要については、委任者が信仰している寺院等とあらかじめ相談をし、比較的早い段階で永代供養をするなど、死後事務と

して実施する期間を限定する内容の契約とする方法がないか検討をすることが考えられます。

4　結　論

　余りにも長期にわたる死後事務を委任事務とすることは、避けることが望ましいため、Xは、Aに対し、三十三回忌までの年忌法要を全て実施することは難しい旨を丁寧に説明した上で、Aからの七回忌、十三回忌、十七回忌、三十三回忌の法要を委任事務とする旨の依頼は断るべきでしょう。三回忌の法要までを委任事務とすることが現実的と考えられます。

　また、委任事務の内容についても、あらかじめ寺院等と相談の上、詳細に特定をして死後事務委任契約に定めておくべきでしょう。

《参考となる判例等》
○死後事務委任契約の成立を認めた上で、委任者が死亡してから2〜3年経過した後の事務処理のために費消された金員について、受任者に対して、不法行為責任を問うことはできないと判断した事例（東京高判平11・12・21判夕1037・175）

【5】　死後事務委任契約の内容は自由に決めてよい!?

　弁護士Xは、Aから依頼を受けて死後事務委任契約を締結することになったが、Aは、その死亡後、自らの世話をしてくれた家事使用人に謝礼金を支払いたいとのことであった。Xは、どのような点に留意して、Aとの間で死後事務委任契約を締結すべきか。

POINT	・遺言制度における強行法規に違反しないようにするとともに、既に作成された遺言と矛盾しないように留意する必要がある

誤認例	死後事務委任契約の内容には特に限定はなく、幅広く有効として取り扱われる。

本当は	死後事務委任契約と遺言が抵触する場合には、死後事務委任契約が効力を有しない場合がある。

解　説

1　死後事務委任契約の有効性

　死後事務委任契約も契約である以上、強行法規や公序良俗に違反しないこと等一般的な契約の有効性の要件を満たす限り、広く委任事務を定めることができます。

　なお、委任者の死亡は、委任契約の終了事由として規定されていますが（民653一）、死後事務委任契約は委任者の死亡時に意味のある契約

であり、委任者の死亡によって一律に効力が否定されるわけではありません（【2】参照）。

2　遺言制度との関係

　死後事務委任契約を締結する際は、その多くが強行法規とされている遺言制度との抵触に留意する必要があります。遺言は、民法に定める方式に従わなければ効力を認められません（民960）。既に死亡している遺言者の真意を確証するためには、その成立要件には厳格さが求められるべきと考えられるからです。このように民法が遺言に厳格な成立要件を設けている趣旨からすれば、本来遺言で定めるべき事項を死後事務委任契約において定めることは、遺言制度の潜脱行為ともなり得るため、その有効性に疑問が生じます。また、遺言が死亡後の法律関係を定める遺言者の最終的な意思の表示であることを踏まえると、死後事務委任契約において、法定遺言事項を定めることや、既に作成された遺言の内容と矛盾する委任事務を定めることは避けるのが無難です。

　法定遺言事項とは、遺言で定めることのできる事項であって、法的な拘束力が生じるものです。具体的には以下のとおりです。

　（1）　相続に関する事項

①　推定相続人の廃除、廃除の取消し（民893・894②）

②　相続分の指定・指定の委託（民902①）

③　特別受益の持戻しの免除（民903③）

④　遺産分割方法の指定・指定の委託（民908前段）

⑤　遺産分割の禁止（民908後段）

⑥　共同相続人の担保責任の減免・加重（民914）

⑦　配偶者居住権の設定（民1028①二）

⑧　遺留分侵害額の負担の割合の指定（民1047①二ただし書）

　（2）　相続以外による遺産の処分に関する事項

①　遺贈（民964）

②　相続財産に属しない権利の遺贈についての別段の意思表示（民996ただし書・997②ただし書）

③　信託の設定（信託2②二・3二）

④　一般財団法人の設立（一般社団法人及び一般財団法人に関する法律152②）

　（3）　身分関係に関する事項

①　認知（民781②）

②　未成年後見人の指定（民839①）

③　未成年後見監督人の指定（民848）

　（4）　遺言執行に関する事項

①　遺言執行者の指定・指定の委託（民1006①）

　（5）　その他の事項

①　祭祀承継者の指定（民897①ただし書）

②　遺言の撤回（民1022）

③　保険金受取人の変更（保険法44①・73①）

　なお、これら以外の遺言事項は、付言事項といい、遺言者の思い等を伝えることはできますが、法的拘束力は生じません。

3　実務上の対応

　死後事務委任契約の内容として、家政婦又は友人への謝礼金の支払を有効と判断した事例（最判平4・9・22金法1358・55）もありますが、本来これは遺贈に該当し、遺言制度に反することにもなり得るため、死後事務委任契約における委任事務と遺言事項との境界は明確でないところがあります。

　このため、死後事務委任契約の作成の依頼を受けた場合には、法定

遺言事項については遺言で定めることとし、死後事務委任契約の効力
に疑問が生じないよう配慮しておくのが無難でしょう。他方、遺言で
定める場合には付言事項にしかならないものに法的拘束力を生じさせ
るためには、死後事務委任契約で定めることが有益です。

4　結　論

　Xは、家事使用人に対する謝礼金の支払は遺言で定める方が有効性
に疑義がなく安心である旨をAに説明し、Aの理解を求めることが望
ましいでしょう。そのほかにも、死後事務委任契約を締結する際には、
遺言制度との抵触を意識し、将来紛争が生じないように配慮すべきで
しょう。

【6】　死後事務委任契約の受任者は、委任事務の履行を他人に任せることはできない!?

　死後事務委任契約の委任を受けた弁護士Xは、委任者であるAが死亡したため委任事務の履行を開始した。Xは、弁護士Bに委任事務の履行を任せたいと考えるに至ったが、Bに任せることはできないか。

POINT	・委任者の許諾を得たとき、又はやむを得ない事由があるときは、復受任者に委任事務の履行を任せることができる ・復受任者は委任者に対して受任者と同一の権利を有し、義務を負うことに注意する必要がある

誤認例	死後事務委任契約の受任者は、いかなる場合であっても第三者に委任事務の履行を委任することはできず、自らが委任事務を履行しなければならない。

本当は	復受任者の選任が認められる場合には、第三者を復受任者として選任した上で、その者に委任事務の履行を任せることができる。

解　説

1　復受任者選任の許容性

　委任契約においては、委任者と受任者との間の信頼関係が基礎にあ

ります。そのため、受任者としては、委任者からの信頼に応えるべく、自らが委任事務を履行する必要があります。

しかし、委任事務の履行の全てを受任者が一人で担うことが困難な場合もあり得ますし、受任者とは別の第三者に委任事務の履行を委ねた方が、結果的に委任者の利益にかなう場合もあります。

そこで民法は、①委任者の許諾を得たとき、②やむを得ない事由があるときに限り、復受任者の選任を許容しています（民644の2①）。これらに該当する場合には、受任者は復受任者を選任した上で、その者に委任事務の履行を任せることができます。

復受任者の選任を当初から予定している場合や、復受任者の選任の可能性が少しでも存在する場合には、死後事務委任契約の締結時に、復受任者の選任について委任者からの許諾を得る旨の条項を設けておくべきです。

2　復受任者の地位

（1）　復受任者が負う義務

死後事務委任契約は、委任者から受任者に対し、代理権を付与する形態をとるのが一般的です。そのため、民法644条の2第2項の適用を受けることになります。

復受任者は、委任者に対し、受任者と同一の義務を負うことになるため（民644の2②）、委任事務の履行について復受任者に義務違反がある場合には、復受任者は委任者に対して直接責任を負うことになります（なお、この場合に復受任者だけではなく、受任者も委任者に対し、責任を負う可能性があることには注意が必要です。）。

したがって、復受任者を選任するに当たっては、委任者側においてはもちろんのこと、復受任者側としても復受任者になるか否かについて慎重な判断が必要です。

（2）　復受任者が有する権利

他方で、復受任者は受任者と同一の権利を有することにもなるため

（民644の2②）、復受任者は委任者に対して報酬の支払を請求することができると解されています。そのため、受任者と復受任者との間で報酬の分配等について無用な紛争が起こらないように、復受任者を選任する際には、受任者と復受任者との間で報酬の分配等についてあらかじめ取決めをしておくべきです。

3　結　論

　Xは、Aから復受任者の選任についての許諾を得ていた場合は、Bを復受任者として選任した上で委任事務の履行を任せることができます。

　また、仮にAからの許諾を得ていなくても、復受任者を選任することについて、やむを得ない事由がある場合には、Xは、Bを復受任者として選任した上で委任事務の履行を任せることができます。

【7】 「全ての財産を相続人Bに相続させる」という遺言書があっても問題なく死後事務委任契約を受任できる!?

　弁護士Xは、Aとの間で死後事務委任契約を締結することを検討していたところ、Aが「全ての財産を相続人Bに相続させる」という内容の遺言書を作成していることが判明した。Xは、問題なく死後事務委任契約を受任できるか。

POINT	・受任者が死後事務に要する費用を支出することは、委任者の相続人の相続財産を減少させることや、委任者の相続人に対して費用の支払義務を負わせることにつながり得る

誤認例	全ての財産を特定の相続人に相続させるという内容の遺言書があっても、死後事務委任契約を問題なく受任できる。

本当は	受任者と相続人との間で利害関係の対立が生じ得るため、死後事務委任契約を受任するに当たっては慎重な検討が必要である。

解　説

1　委任者の死亡による法的効果
　死後事務委任契約は、委任者の死亡後の事務を、委任者の生前に受

任者に対して依頼しておく契約です。そのため、委任者が死亡した時点から、具体的な委任事務の履行が開始することになります。

　他方、委任者が死亡することによって、民法上、被相続人である委任者について相続が開始することになります（民882）。相続の効力として、相続人は被相続人の財産に属した一切の権利義務を承継することになります（民896本文）。

2　委任者の死亡と死後事務に要する費用との関係

　死後事務に要する費用については、委任者の生前に前払を受け、預かり、保管しておく方法と、受任者が立て替えて精算する方法とがあります（【30】【35】参照）。

　このうち、前者の方法をとっていた場合、委任者が受任者に対して預けていた金銭の返還請求権については、「被相続人の財産に属した一切の権利」に含まれるため、委任者の相続人がその権利を承継することになります（民896本文）。したがって、受任者が預かっていた金銭を委任事務の履行のために支出することは、同時に、相続人の相続財産を減少させることにつながるため、受任者と相続人との間で利害が対立し得ることになります。

　同様に、後者の方法をとっていた場合、委任者の相続開始時までに受任者が立て替えた金銭については、「被相続人の財産に属した一切の義務」に含まれるため、委任者の相続人が受任者への支払義務を承継することになります（民896本文）。この場合に、受任者が相続人に対し、受任者自身が立て替えた金銭を請求すると、受任者と相続人との間で利害が対立し得ることになります。

　以上のように、委任者の死亡によって、死後事務に要する費用に関して、受任者と相続人との間で利害が対立する可能性があります。

3　委任者が作成した遺言書が存在する場合

　委任者が、特定の相続人に全ての財産を相続させるという内容の遺言書を作成していた場合は、特に当該相続人との間で利害が対立する可能性があります。

　委任者の生前に前払を受け、預かり、保管しておく方法（前記2参照）をとっていた場合には、正に当該相続人が得ることになる相続財産を減少させることになります。

　また、受任者が立て替えて精算する方法（前記2参照）においては、次の判例との関係で、当該相続人が委任者の相続開始時までに受任者が立て替えた相続債務の返済義務を負うことになります。すなわち、特定の相続人に全ての財産を相続させるという内容の遺言がされた場合には、遺言の趣旨等から相続債務については当該相続人に全てを相続させる意思のないことが明らかであるなどの特段の事情のない限り、当該相続人に相続債務も全て相続させる旨の意思が表示されたものと解すべきであり、これにより、相続人間においては、当該相続人が指定相続分の割合に応じて相続債務を全て承継することになると解するのが相当であるとされています（最判平21・3・24判時2041・45）。そのため、当該相続人は原則的に被相続人の債務を全て承継することになるため、精算の局面において受任者と当該相続人との間で利害が対立し得ることになります。

　このように、委任者の相続人との間でトラブルを引き起こさないためにも、委任者が作成した遺言書の存在及びその内容を調査しておくのはもちろんのこと、可能な限りで、委任者の推定相続人との間で、死後事務に要する費用について協議しておくことが望ましいです。

4　委任者が作成した遺言書が存在しない場合

　委任者が遺言書を作成していない場合には、法定相続分（民900）に

応じた相続がなされることになります。したがって、相続人が単独である場合には当該相続人との間で、相続人が複数存在する場合にはそれぞれの相続人との間で利害が対立する可能性があります。

　そのため、このような場合においても、やはり委任者の推定相続人との間で、死後事務に要する費用について協議しておくことが望ましいです。

　なお、委任者が作成した遺言書が存在せず、かつ、委任者に相続人が存在しないような場合には、相続人との間で利害が対立する余地はありません。

　これから死後事務委任契約書と遺言書を作成するような場合には、死後事務に要した費用を支払った残額につき相続人に相続させる旨の遺言書を作成することが望ましいでしょう。

5　結　論

　Aが作成した遺言書の記載内容を踏まえると、XがAとの間で死後事務委任契約を締結しても、Aの死亡後にXとBとの間で利害が対立する可能性があるという点で問題があります。

　したがって、XがAとの間で死後事務委任契約を締結する際には、Bとの間で死後事務に要する費用について協議しておくことが望ましいでしょう。

3　死後事務委任契約の内容の理解

【8】　死後事務委任契約の内容を読み聞かせなければ ならない!?

　Xは、知人Aの依頼を受けてAの死後事務を受任する内容の死後事務委任契約を締結することになった。Xは、Aに対し、当該契約の締結に当たって、当該契約の内容を読み聞かせなければならないか。

POINT	・死後事務委任契約締結時の「読み聞かせ」は、当該契約の成立要件ではないが、「読み聞かせ」をすることが望ましい

誤認例	死後事務委任契約の締結に当たっては、必ず当該契約の内容を読み聞かせなければならない。

本当は	死後事務委任契約の締結に当たって、当該契約の内容を読み聞かせることは当該契約の成立要件ではないため必ずしも必要ない。しかし、当該契約の内容を読み聞かせることは、委任者に当該契約の内容を正確に理解させることができるとともに、当該契約の内容に関して誤解がないかどうか確認するために、非常に有用である。

解 説

1 死後事務委任契約の成立要件

　死後事務委任契約は、委任者が受任者に対して委任者の死後事務について委託する契約です（民643）。

　委任契約は、委任者と受任者の合意により成立する「諾成契約」であり、当該契約の成立要件は、委任者が受任者に対して死後事務をすることを委託し、受任者がこれを承諾することです。当該契約の締結に当たり、委任者に対して当該契約の内容を読み聞かせることは、当該契約の成立要件とはされていません。

　したがって、法律上は、当該契約の締結に当たり、委任者に対して当該契約の内容を読み聞かせることは、必ずしも必要ではありません。

2 「読み聞かせ」の有用性

　前記のとおり、法律上は、死後事務委任契約の締結に当たり、委任者に対して当該契約の内容を読み聞かせることは、必須ではありません。

　しかしながら、委任者に当該契約の内容を正確に理解させるためには、当該契約の内容を読み聞かせて、その内容を説明することが有用です。また、「読み聞かせ」をすることで、当該契約の内容に誤解がないか委任者に確認することができますので、この点からも、当該契約の内容の「読み聞かせ」は有用といえます。

3 死後事務委任契約を公正証書によって作成する場合

　死後事務委任契約は公正証書によって作成することが望ましく、実務上は、公正証書によって作成している例が多く見られます（【13】参照）。

　当該契約を公正証書によって作成する場合、通常は、公証人が、委任者及び受任者の面前で、当該契約の内容を読み聞かせ、その内容に間違いがないかどうか確認します（公証人法39①）。そのため、当該契約を公正証書によって作成する場合には、公証人により、当該契約の内容の「読み聞かせ」が実施されているのが一般的です。

4　結　論

　Xは、Aに対し、死後事務委任契約の締結に当たって、当該契約の内容を読み聞かせることは必ずしも必要ではありません。しかし、当該契約の内容を読み聞かせることで、Aに当該契約の内容を正確に理解させることができるとともに、Aに当該契約の内容に関して誤解がないかどうか確認することができますので、当該契約の内容の「読み聞かせ」をすることが望ましいでしょう。

4　親族等協力者の存否及びその協力の有無

【9】　契約の締結に当たっては、推定相続人を関与させる必要はない!?

　弁護士Xは、Aから、死後事務を依頼したいとの連絡を受けた。死後事務委任契約の締結に当たっては、専らAとやり取りを行うことで足りるか。

POINT	・委任者と推定相続人との関係や委任事務の内容等を考慮し、可能な範囲で推定相続人を契約の締結手続に関与させるのが好ましい

誤認例	死後事務委任契約の当事者はAであるため、契約の締結に当たって推定相続人を関与させるべきではない。

本当は	死後事務委任契約の内容を確定するに当たって、委任者と推定相続人との関係や委任事務の内容等を考慮し、契約の締結手続に推定相続人を関与させるべきケースもある。

解　説

1　死後事務委任契約の当事者及び利害関係人

　死後事務委任契約の当事者が、委任者と受任者であることは改めて述べるまでもなく、契約自由の原則から、公序良俗に反するなどの事

情がない限りは、当事者同士で自由に契約内容を定めることができます。このことから、本来は、契約の締結に当たって第三者を関与させる必要はありません。

　しかし、死後事務委任契約は、委任者の死亡後の事務を内容にするものであり、委任者の死亡後、死後事務委任契約の委任者たる地位は委任者の相続人に承継されることになります。

　また、受任者は、委任者の死亡後に、委任事務の履行、委任事務に関する報告、委任事務終了後の引継ぎ等で、相続人と不可避的に関わりをもつことになります。

　このような関係にある中で、もし、推定相続人とのコミュニケーションが円滑に行われなかったり、委任者の生前の意向と相続人の利益が相反したりする場合には、委任事務が適切に履行できず、場合によっては死後事務委任契約の無効又は解除を主張されるといった事態に陥ることも想定できます（【33】参照）。仮に、委任事務が履行できたとしても、報酬の額を確定するに当たって、トラブルが発生する可能性もあります（【28】参照）。

　死後事務委任契約の当事者はあくまで委任者と受任者ではありますが、委任者の死亡後円滑に委任事務を履行するために、死後事務委任契約の締結時から推定相続人を一定程度関与させることは有用であるといえます。

2　死後事務委任契約を締結する際の推定相続人の関与の方法・程度

　死後事務委任契約の締結について、相談を受けてから委任事務の終了までの流れは「はじめに」4のとおりです。

　前記のとおり、死後事務委任契約は、あくまで委任者と受任者で締結されるものであるため、死後事務委任契約の締結に当たり、その手

続の全てに推定相続人を関与させる必要はありません。委任者の意思
としても、委任者が委任事務の内容を推定相続人に知られたくないか
らこそ、第三者に対して死後事務を依頼しているというケースも想定
できます。

　一方で、推定相続人が存在する場合には、委任者の意思に反しない
範囲で、事前に推定相続人に委任事務の内容を把握してもらうことが
委任者の死亡後に委任事務を円滑に履行するという観点から望ましい
ケースもあります。

　もっとも、推定相続人との関係や委任事務の内容によっては、推定
相続人に死後事務委任契約を締結することやその内容を知らせること
で、委任者と推定相続人との間でトラブルとなり、死後事務委任契約
の締結に影響を及ぼす可能性もあります。

　このように、全ての事案において推定相続人を死後事務委任契約の
締結手続に関与させることが正しいというわけではないため、推定相
続人を、いつ、どのように契約の締結手続に関与させるかという点に
は注意が必要です。

　具体的には、推定相続人との関係が良好で、積極的な協力が期待で
きるような場合には、委任者の希望を確認した上で、推定相続人に対
し、初回の相談から死後事務委任契約の締結段階まで面談への同席を
依頼したり、場合によっては必要書類の収集への協力を依頼すること
ができたりする場合もあるでしょう。

　そこまでの関係にないとしても、推定相続人に死後事務委任契約の
内容を伝えたとしてもトラブルにならないことが予想される場合に
は、委任者との間で死後事務委任契約の内容が定まった段階で、推定
相続人に死後事務委任契約の内容を伝えておくのがよいでしょう。

　推定相続人との関係が良好ではなく、推定相続人に死後事務委任契
約の内容を伝えることで、円滑に死後事務委任契約を締結することが

できなくなることが予想される場合には、推定相続人を死後事務委任
契約の締結手続に関与させることなく、契約の締結後に時期を見計ら
って説明の機会を設けるという方法も考えられます。

3　結　論

　Xは、Aがどのような死後事務を委任したいと考えているのか、推
定相続人との関係が良好か、推定相続人を関与させることについての
Aの意見等を聴取し、死後事務委任契約の締結手続に推定相続人を関
与させることが適切かどうか検討しましょう。

　推定相続人の協力が得られる場合には、積極的に推定相続人の関与
を求めることも考えられます。

　それほど積極的な協力が期待できない場合でも、大まかに死後事務
委任契約の内容が定まった段階で、Aの意思に反せず、かつ、推定相
続人とトラブルにならない範囲を見極めて、推定相続人にも死後事務
委任契約の内容を説明することを検討しましょう。

　推定相続人に対して死後事務委任契約の内容を説明することによっ
て、円滑な死後事務委任契約の締結に影響を及ぼすことが予想される
場合には、推定相続人を死後事務委任契約の締結手続には関与させず、
契約の締結後に時期を見計らって説明の機会を設けるという方法も考
えられるでしょう。

5　その他

【10】　任意後見人は死後事務を行うことができる!?

　弁護士Xは、Aの任意後見人に就任していたが、Aが死亡したため、Aの死後事務を行おうと考えている。Xは、Aの死後事務を行うことができるか。

POINT	・本人の死亡により委任契約が終了し、任意後見人は代理権を失うため、原則として死後事務を行うことはできない

誤認例	任意後見人は、本人の死亡後も、当然に死後事務を行うことができる。

本当は	任意後見契約は委任契約であるため、本人の死亡により終了する。したがって、任意後見人は、本人の死亡後は相続人への連絡や財産の引渡し等を行うのみで、原則として死後事務を行うことはできない。任意後見人が死後事務を行うためには別途死後事務委任契約を締結する必要がある。

解　　説

1　任意後見契約

　任意後見契約は、自己に判断能力が備わっているうちに、将来、認知症等の精神上の障害により事理を弁識する能力が不十分な状況に陥る場合に備え、あらかじめ自らが選んだ任意後見人に自己の生活、療養看護及び財産の管理に関する事務の全部又は一部を委託し、その委託に係る事務について代理権を付与する委任契約であって、任意後見監督人が選任された時からその効力を生ずる旨の定めがあるものをいいます（任意後見2一）。そして、任意後見契約は公正証書で作成する必要があります（任意後見3）。

　なお、任意後見契約は、前記のとおり、本人の判断能力（事理弁識能力）が不十分な状況になり、家庭裁判所によって任意後見監督人が選任された時から効力を生じることに注意が必要です。

2　本人の死亡による任意後見契約の効力

（1）　任意後見契約の効力発生前

　任意後見契約は、家庭裁判所が任意後見監督人を選任して初めて効力を生じますので、同契約の効力発生前には、受任者は任意後見人としての権限を有していません。

　したがって、任意後見契約の効力発生前は、受任者は死後事務を行うことはできず、死後事務を行うためには任意後見契約とは別に、死後事務委任契約を締結しておく必要があります。

（2）　任意後見契約の効力発生後

　任意後見契約は委任契約ですので、本人の死亡により終了し、任意後見人の代理権も消滅します。このため、任意後見人は、委任契約に基づく報告義務（民645）や受取物引渡義務（民646①）の履行として、相続人への連絡や財産の引渡し等を行うのみで、原則として死後事務を

行うことはできません。

　なお、成年被後見人の死亡後の成年後見人の権限について定めた民法873条の2は、任意後見人には適用されません（【11】参照）。

　もっとも、委任契約の応急処分義務（民654）や事務管理（民697）を根拠に死後事務を行うことができると考える余地もありますが、前者はあくまで急迫の事情が生じた際のものであり、その適用は謙抑的に考えるべきですし、後者はどこまでが事務管理に該当するのかという点に疑義が生じますので、これらを根拠に死後事務全般を行うことができると考えることはできないでしょう。

　したがって、任意後見人が死後事務を行うためには、任意後見契約とは別に、死後事務委任契約を締結しておく必要があります。

3　結　論

　Xは、Aとの委任契約がAの死亡により終了することになるため、任意後見人としての代理権を失います。このため、Xは、委任契約に基づく報告義務（民645）や受取物引渡義務（民646①）の履行の範囲内で、相続人への連絡や財産の引渡し等を行うことになりますが（任意後見契約の効力発生前には、Xは任意後見人としての権限を有していませんので、これらを行うこともできません。）、XがAの死後事務を行うには、任意後見契約とは別に、死後事務委任契約を締結しておく必要があります。

【11】　成年後見人が行うことができる死後事務には何がある!?

　弁護士Xは、成年被後見人Aの成年後見人に就任していたが、Aの死亡後に行うことができる死後事務には何があるか。

POINT	・成年後見人が成年被後見人の死亡後に行うことができる死後事務は一定の範囲に限られるため（民873の2）、権限の範囲内かどうかを確認しながら業務を行う必要がある

誤認例	成年後見人は、成年被後見人の死亡後も、全ての死後事務を行うことができる。

本当は	成年後見人が成年被後見人の死亡後に行うことができる主な死後事務は、①相続財産に属する特定の財産の保存に必要な行為、②弁済期が到来した相続財産に属する債務の弁済、③その死体の火葬又は埋葬に関する契約の締結その他相続財産の保存に必要な行為である。

解　説

1　成年後見人が行うことができる死後事務（総論）

　これまで成年被後見人の死亡によって成年後見は終了し、成年後見人の法定代理権は消滅すると考えられていたため（民111①一）、成年後

見人は成年被後見人の死亡後にその権限に基づいて業務を行うことが原則としてできませんでした（成年後見終了後の応急処分義務（民874・654）や相続人のための事務管理（民697）に基づいて一定の範囲で死後事務を行っていましたが、その範囲が不明確でした。）。しかし、これでは成年後見人の業務としては不十分で、成年被後見人の関係者から期待される役割を果たせずにいることがしばしばありました。

　そこで、成年後見の事務の円滑化を図るための民法及び家事事件手続法の一部を改正する法律（平28法27）が平成28年10月13日に施行され、民法873条の2が追加されました。

　これによれば、成年後見人は、成年被後見人が死亡した場合において、必要があるときは、成年被後見人の相続人の意思に反することが明らかなときを除き、相続人が相続財産を管理することができるに至るまで、①相続財産に属する特定の財産の保存に必要な行為（民873の2一）、②相続財産に属する債務（弁済期が到来しているものに限ります。）の弁済（民873の2二）、③その死体の火葬又は埋葬に関する契約の締結その他相続財産の保存に必要な行為（前記①、②に当たる行為を除きます。）（民873の2三）をすることができるとされています。ただし、前記③の行為をするには、家庭裁判所の許可が必要です。

　なお、保佐人や補助人には、この規定は適用されません。

2　成年後見人が行うことができる死後事務（各論）

（1）　相続財産に属する特定の財産の保存に必要な行為（民873の2一）

　相続財産に属する特定の財産の保存に必要な行為には、相続財産に属する債権について時効の完成が間近に迫っている場合に行う時効の完成猶予のための措置（民147等）や相続財産に属する建物に雨漏りがある場合にこれを修繕する行為等が該当すると考えられています（盛

山正仁「成年後見の事務の円滑化を図るための民法及び家事事件手続法の一部を改正する法律の概要」金法2045号35頁、東京弁護士会法友会編『死後事務委任契約実務マニュアル』16頁（新日本法規出版、2021））。

（2）　弁済期が到来した相続財産に属する債務の弁済（民873の2二）

弁済期が到来した相続財産に属する債務の弁済には、成年被後見人の医療費、入院費、公共料金及び居室の賃貸料等の支払が該当すると考えられています（前掲・盛山35頁、前掲・東京弁護士会法友会16頁）。

なお、債務の弁済をするに当たって、弁済資金を捻出するために預貯金の払戻しを受ける行為は、後記（4）に該当しますので、家庭裁判所の許可が必要となります（前掲・盛山36頁）。

（3）　その死体の火葬又は埋葬に関する契約の締結（民873の2三）

死体の火葬又は埋葬に関する契約の締結には、家庭裁判所の許可が必要です。

納骨に関する契約を締結することは、死体の火葬又は埋葬に関する契約の締結に準ずるものとして家庭裁判所がその必要性等を考慮して判断することになります（大阪家庭裁判所家事第4部後見係（大阪家裁後見センター）「大阪家裁後見センターだより（連載第3回）」月刊大阪弁護士会2017年10月号54頁、法務省ウェブサイト（＊）参照）。

（＊）https://www.moj.go.jp/MINJI/minji07_00196.html#08（2023．8．4）

一方で、葬儀に関する契約を締結することは、死体の火葬又は埋葬に関する契約の締結には含まれず、原則として成年後見人が死後事務として行うことはできないと解されています（前掲・盛山36頁、前掲・東京弁護士会法友会17頁）。もっとも、火葬及び納骨とセットで小規模で宗教色の薄い葬儀を行うという場合には、火葬に付随する事務として、その費用についても預貯金払戻しの許可（後記（4）参照）をする取扱いの家庭裁判所もありますので、各地の家庭裁判所の運用を確認する

必要があります（大阪家庭裁判所家事第4部後見係（大阪家裁後見センター）「大阪家裁後見センターだより（連載第3回）」月刊大阪弁護士会2017年10月号54頁）。

（4）　その他相続財産の保存に必要な行為（民873の2三）

　その他相続財産の保存に必要な行為には、成年後見人が管理していた成年被後見人所有に係る動産の寄託契約（トランクルームの利用契約等）の締結、成年被後見人の居室に関する電気・ガス・水道等の供給契約の解約、債務を弁済するための預貯金（成年被後見人名義）の払戻し等が該当すると考えられています（前掲・盛山37頁、前掲・東京弁護士会法友会17頁、前掲・法務省ウェブサイト参照）。

　なお、これらの行為をするには、家庭裁判所の許可が必要です。

3　結　論

　Xは、Aの死亡後に、相続財産に属する特定の財産の保存に必要な行為、弁済期が到来した相続財産に属する債務の弁済、その死体の火葬又は埋葬に関する契約の締結その他相続財産の保存に必要な行為をすることができますが、権限の範囲内かどうかを確認しながら業務を行う必要があります。

　なお、Aが死後事務委任契約を締結していた場合、当該契約の受任者は、Aの死亡後に、Xから引継ぎを受けることで円滑に死後事務を行うことができます。

【12】　法人は死後事務委任契約の受任者になることはできない!?

　弁護士Xは、自らが所属する弁護士法人とAとの間で死後事務委任契約を締結しようと考えている。当該弁護士法人は、Aとの間で死後事務委任契約を締結し、受任者になることはできないか。

POINT	・法人であっても死後事務委任契約を締結し、受任者になることができる

誤認例	死後事務委任契約の受任者になることができるのは自然人のみであり、法人は受任者になることができない。

本当は	自然人だけではなく、法人であっても死後事務委任契約の受任者になることができる。

解　説

1　法人による委任契約締結の可否

　死後事務委任契約は、民法上の委任契約（民643）であるため、死後事務委任契約を締結すれば、受任者は契約で定められた報酬を請求する権利を得るとともに、契約の内容を履行する義務を負うことになります。

　このように、委任契約を締結することで、受任者は権利を有し、義

務を負いますので、委任契約を締結することができるのは、権利義務の主体となることのできる地位あるいは資格を有する者、すなわち権利能力を有する者に限られます。

　法人の権利能力について、民法34条では、法令の規定に従い、定款その他の基本約款で定められた目的の範囲内において、権利を有し、義務を負うと規定されています。

　したがって、委任者との死後事務委任契約の締結が、法人の目的の範囲内に属するのであれば、法人であっても死後事務委任契約を締結することができます。

2　法人が受任者になることのメリット

（1）　構成員の入れ替わりへの対応

　法人化されている組織では、通常は、退職や死亡等によって法人の構成員が入れ替わることが予定されています。

　このとき、法人の構成員が自然人として死後事務委任契約を締結していた場合、受任者は当該自然人である以上、死後事務委任契約の当事者ではない法人がその後の委任事務の履行等に関与することはできません。

　他方で、法人が受任者として死後事務委任契約を締結していた場合は、委任事務の履行等を担当していた法人の構成員が退職した場合や死亡した場合であっても、受任者は法人である以上、法人はその後も委任事務の履行等に当然に関与することができます。

　このように、法人が受任者になることで、法人の構成員の入れ替わりによる死後事務委任契約への影響を最小限に抑えることができます。

（2）　委任事務履行の合理性

　委任事務の履行は、原則として受任者のみが行うことができます。

そのため、自然人が受任者である場合には、受任者である当該自然人のみが委任事務を履行することができ、他の者が委任事務を履行することはできません。ただし、復受任者の選任（民644の2）が認められる場合にはこの限りではありません（【6】参照）。

　しかし、委任事務の内容や量によっては、複数人での対応が合理的な場合もあり得ます。このとき、法人が受任者となっていれば、法人の構成員複数人で各個に委任事務の履行をすることが可能となり、委任事務を合理的に履行することができます。

3　各種手続を行う際の必要書類等

　死後事務委任契約の受任者が各種手続を行う際に、自らが受任者であることを証明するものとして、受任者が自然人であれば、受任者の身分証明書や受任者の押印を求められることが多いですが（もっとも、押印廃止の動きもありますので、提出先に問い合わせる必要があります。）、受任者が法人の場合には、法人の登記事項証明書や法人の押印を求められるのが一般的ですので注意が必要です（押印廃止の動きについては、同前）。

4　結　論

　Xが所属する弁護士法人は、Aとの間で死後事務委任契約を締結することができ、当該弁護士法人は、死後事務委任契約の受任者になることができます。

【13】　死後事務委任契約は公正証書によって作成しなければならない!?

　弁護士Xは、Aからの依頼を受けて死後事務委任契約を締結することになったが、死後事務委任契約は公正証書によって作成しなければならないか。

POINT	・死後事務委任契約は、必ずしも公正証書による必要はないが、公正証書によって作成しておくことが望ましい

誤認例	死後事務委任契約は必ず公正証書によって作成しなければならない。

本当は	死後事務委任契約は必ずしも公正証書による必要はないが、実務上は公正証書によって作成されている。

解　説

1　死後事務委任契約と公正証書
（1）　死後事務委任契約の性質からの原則

　死後事務委任契約は、委任者が、受任者に対し、委任者の死亡後の事務について委託することを内容とするもので、その法的性質は「委任契約」（民643）です。

　そして、委任契約は、委任者と受任者の合意により成立する「諾成

契約」とされていますので、契約の成立に公正証書の作成は義務付けられていません。

　したがって、死後事務委任契約は公正証書によって作成する必要はありません。

（2）　公正証書によることが望ましい理由

　もっとも、死後事務委任契約は公正証書によることが望ましく、実務上も公正証書によって作成されている例が極めて多いところです。

　公正証書とは、私人からの依頼により公証人（＝実質的に公務員であるといわれています。）がその権限に基づいて作成する文書のことです。つまり、公正証書の作成には公証人が関わります。

　そして、死後事務委任契約の対象となる委任事項は、委任者の死亡後に行うことが予定されていますので、真に委任者がそのような委任をしたのかを明確にしておくことが、紛争の防止につながります。

　このため、死後事務委任契約の成立に公正証書の作成は要件とされていないものの、死後事務委任契約を公正証書によって作成することで公証人に関与してもらい、委任者の生前の意思の明確化を図ることが考えられます。

　以上のことから、死後事務委任契約は公正証書によって作成することが望ましいといえます。

2　他の制度との相違点

　ところで、生前や死亡後の財産管理・処理等に関する制度としては、以下のものがありますので、ここで簡単に説明します。

（1）　財産管理契約

　財産管理契約とは、委任者が、受任者に対し、自己の財産管理や生活上の事務等を委任することを内容とする契約です。

　理論的には、契約の締結後に委任者の判断能力が低下しても契約が

終了することはありませんが、金融機関等の第三者がこの契約に基づく義務の履行に協力してくれないことがあります。

　財産管理契約は、公正証書によってする必要はありません。

（2）　任意後見契約

　任意後見契約とは、委任者が、受任者に対し、精神上の障害により事理を弁識する能力が不十分な状況における自己の生活、療養看護及び財産の管理に関する事務の全部又は一部を委託し、その委託に係る事務について代理権を付与する委任契約であって、任意後見監督人が選任された時からその効力を生ずる旨の定めのあるものをいいます（任意後見2一）。

　原則として、任意後見契約は、任意後見監督人が選任されてから委任者が死亡するまでの事務を対象とする契約ですが、任意後見人及び任意後見受任者は委任者の死亡の届出をすることができます（戸籍87）（【19】【20】参照）。

　任意後見契約は、公正証書によってしなければなりません（任意後見3）。

（3）　遺　　言

　遺言とは、自己の財産を活用するために行う遺言者の意思表示です。遺言は遺言者の死亡時から効力を生じます。

　遺言の内容とする事項には、法定遺言事項と付言事項がありますが、法的な拘束力が生じるのは法定遺言事項に限られます（【5】参照）。

　そして、遺言の方式には数種類の方式がありますが、最も利用されているのは、自筆証書遺言（民968）と公正証書遺言（民969）です。平成30年の相続法改正（「民法及び家事事件手続法の一部を改正する法律」（平30法72））で少し緩和されたものの、自筆証書遺言については厳格な要式が要求されているため、公正証書遺言も多く利用されているところです。

（4）　まとめ

　以上の各制度を大まかにまとめると、財産管理契約は委任者の生前の財産管理等、任意後見契約は委任者の判断能力低下後の生前の財産管理等、死後事務委任契約は委任者の死亡後の事務等、遺言は遺言者の死亡後の財産処分等を内容とするものと整理できます。

3　死後事務委任契約と同時に行うことの提案

　以上を踏まえれば、委任者（遺言者）の財産管理・処理等を統一的かつ横断的にフォローするためには、財産管理契約、任意後見契約、死後事務委任契約及び遺言をまとめて行うことが合理的といえます。

　そして、任意後見契約は公正証書によってする必要があり、死後事務委任契約も公正証書によってすることが望ましく、遺言も公正証書によってすることが多いという実情からすれば、これら 4 つについて同時に公正証書によって作成することが合理的です。実務上も行われている方法です。

　任意後見契約と死後事務委任契約を締結しておけば、死後事務を行う際に、委任者の死亡の届出を円滑に行うこともできます。

4　結　論

　X は、A との間の死後事務委任契約を公正証書によってする必要はありませんが、公正証書によることが望ましいです。実務上は、死後事務委任契約に加え、財産管理契約、任意後見契約、遺言を同時に公正証書によって作成することがあります。

【14】　受任者が行う死後事務の処理状況を監督する方法はない!?

　弁護士Xは、Aから死後事務委任契約書作成の依頼を受けた。その際、Aから受任者が行う死後事務の処理状況に問題がないか確認する方法について相談を受けた。受任者の死後事務の処理状況を監督する方法はないか。

POINT	・死後事務委任契約における受任者の死後事務の処理状況を監督するためには、監督者を選任する方法がある

誤認例	死後事務委任契約における受任者の死後事務の処理状況を監督する方法はない。

本当は	死後事務委任契約における受任者の死後事務の処理状況を監督するために、監督者を選任して、受任者に報告義務を課すこと等が考えられる。

解　説

1　死後事務委任契約の特徴

　死後事務委任契約は、委任者が受任者に対して、委任者の死亡後の事務について委託することを内容とするものです。このように、受任者が死後事務を処理する時点で委任者は既に死亡しているため、受任者による死後事務の処理が問題なく適切になされているか委任者が確

認することはできません。

2　監督者の選任と監督の方法

　このため、受任者による死後事務の処理状況を監督するために、監督者を選任することが考えられます。

　その上で、受任者に対して、後記の事項を監督者に定期的に報告させることで監督することが考えられます。

① 死後事務の履行の状況とその結果

② 死後事務の履行に要した費用の額及びその内訳

③ 報酬の額及びその収受の状況

④ 預託金の保管の状況及び精算の結果

⑤ 死後事務委任契約に基づいて保管している金銭、動産、証券等の有無及びその保管の状況

　また、必要に応じて、いつでも、監督者が受任者に対して報告を求めることができるようにしておくことも有用でしょう。

　死後事務委任契約において、監督者の選任と前記の事項についての報告の徴求のみを定める方法もありますし、監督者の報酬についての定めを設けて委任者・受任者・監督者の三者での契約とする方法もあります。

3　監督者の活用

　死後事務委任契約の受任者が弁護士等の専門家でない場合、受任者も自らの行う死後事務の処理に問題がないか不安に思うことがあるかもしれません。委任者が弁護士等の専門家を監督者として選任しておけば、受任者としても、専門家の監督を受けられ安心して死後事務の処理を進めることができます。また、監督者を選任しておけば、受任

者は、監督者の監督を通じて、死後事務の処理を進める中で生じた法的な問題について助言を受けることも期待できます。

4　結　論

　Xは、Aに対し、受任者の死後事務の処理状況を監督するために監督者の設置を提案するとともに、Aが希望すれば死後事務委任契約にその旨の定めを設けることが考えられます。

第 2 章

・・・・・・・・・・・・・・・・・・・・・・・・・・・・・

死後事務委任契約
履行時の落とし穴

78

1　契約締結後、委任事務履行前後の報告

【15】　委任者が死亡した事実を把握することが遅れても問題はない!?

　弁護士Xは、委任者であるAとの間で、死後事務委任契約を締結した。Aは自宅に一人で住んでいるが、推定相続人もおらず、近隣の住民とも付き合いがなく、友人もいないとのことである。Aは持病を抱えており、定期的に通院をしているとのことであるが、Xは、Aに対し、入院したり体調を崩したりしたときには連絡をするように求めただけで、XからAに状況を確認することはしていない。このような対応で問題はないか。

POINT	・死後事務委任契約の委任者が死亡した事実を速やかに把握できなかった場合、予定していた死後事務を遂行できなくなる可能性がある

誤認例	委任者から健康状態について報告を受けるようにしておけば、受任者において委任者の生存確認をする必要はない。

本当は	受任者は、委任者が死亡した直後に死後事務を遂行しなければならないため、1か月から3か月に1回程度、電話等で委任者の健康状態を把握しておく必要がある。

解　説

1　死後事務を遂行できなかった場合

　死後事務委任契約における死後事務は、葬儀に関する事柄等死亡直後に関係することが多いと思われます。

　このため、委任者が死亡したときには、受任者としてはいち早くその情報を手に入れる必要があります。

　そうでなければ、受任者よりも先に委任者が死亡した事実を把握した相続人が、相続人の判断で委任者の葬儀について葬儀会社と契約をしてしまい、その結果として、委任者が希望していた葬儀を挙行できなくなってしまうこともあり得ます。また、親族がいないときには、地方公共団体が委任者の火葬を行ってしまうことも想定されます。

　このような事態となった場合、受任者は、委任者から依頼を受けた死後事務を遂行できなかったことになりますので、その原因について受任者に責任があると判断されれば、委任者の相続人との間で紛争になる可能性があります。

2　受任者としてなすべき委任者の健康状態の把握

　受任者は、死後事務委任契約を締結した後、委任者の健康状態等に留意しておく必要があり、定期的に委任者と面談したり連絡をとったりして、委任者の状況について適宜情報を収集することになります。

　委任者が施設に入居している場合や、病院に長期間入院している場合、自宅に住んでいても近隣の住民と懇意にしていて近隣の住民と受任者とが連絡をとれる場合、委任者と推定相続人とが連絡をとれる関係にあり、推定相続人と受任者とも連絡がとれる場合等は、委任者に万が一のことがあっても比較的早期に情報を得ることができるかもしれません。

　しかしながら、委任者が自宅に住んでいるにもかかわらず、推定相続人や近隣の住民、友人等すぐに連絡をとれる関係者がいない場合には、委任者が死亡してもすぐには発見されない可能性があります。

　このような事態に陥らないために、受任者としては、1か月から3か月に1回程度、委任者に対して連絡をとり、健康状態の把握に努めるのが望ましいと思われます。

3　「見守り契約」を締結する必要性

　受任者が1か月から3か月に1回程度の頻度で委任者に連絡をとっておけば、仮に、委任者が死亡した事実を把握することが遅れたとしても、受任者が法的な責任を負う可能性は低いものと思われます。

　しかしながら、受任者において、委任者の健康状態をどの程度の頻度で把握しておくべきかという点については、死後事務委任契約の内容に盛り込むか、別途「見守り契約」を締結するなどして、委任者と受任者との間で明確にしておくことが有益であるといえます。

　このようにしておくことで、受任者としても、死後事務委任契約締結後の委任者に対する連絡の頻度等の委任事務の内容を明確化することが可能となります。

4　結　論

　Xは、健康状態について報告するようAに求めるだけで、自らAに連絡をとるなどの行動をしておらず、Xの対応としては不十分であるといえます。

　Xとしては、1か月から3か月に1回程度の頻度でAに連絡をすべきですし、別途「見守り契約」を締結することも検討に値するでしょう。このような形で、Xが日頃から行うべきAの生存確認の方法や頻度等を明確化しておくことは、委任者の相続人とのトラブルを防止す

るとの観点からも望ましいといえます。

　また、このような取決めをしておくことは、例えば、年末年始やお盆、ゴールデンウィーク等の特別な期間における休日対応について委任者との間で意思疎通を図ることができ、受任者にとっても有益であると思われます。

【16】　受任者は、死後事務委任契約締結後、委任者又は委任者の相続人に対し、定期的に連絡や報告をする必要はない!?

　受任者Xは、委任者Aとの間で、死後事務委任契約を締結し、委任事務を遂行するための資金を預かっていた。Xは、A又はAの相続人に対し、Aが死亡するまでの間や、Aの死亡に伴って委任事務の履行に着手した後は、定期的に連絡や報告をする必要はないか。

POINT	・受任者は、委任者と死後事務委任契約を締結することによって報告義務（民645）を負う ・委任者が死亡すると委任者の相続人は委任者の地位を承継する

誤認例	委任者が死亡する前は死後事務委任契約の効力はまだ発生していないため、受任者は、委任者に対し、連絡や報告をする必要はないし、委任者の相続人は死後事務委任契約の当事者ではないため、受任者は、委任者の相続人に対し、委任者の死亡後に連絡や報告をする必要はない。

本当は	受任者は、委任者に対し、報告義務を負うため、たとえ委任者が死亡する前であっても、委任事務を遂行するために預かった資金の保管の状況について預貯金通帳等の写しを送付するなどして定期的に連絡や報告をする必要がある。また、委任者の死亡後、委任者の相続人が委任

> 者の地位を承継していることから、受任者は、委任者の
> 相続人に対し、委任事務の遂行及びそれに伴う収支の状
> 況を定期的に連絡や報告をする必要がある。

解　　説

1　死後事務委任契約の締結後から委任者の死亡までの定期的な連絡や報告

　死後事務委任契約の締結後、委任者が死亡しておらず、当該契約の効力が発生していないとしても、当該契約は有効に成立していることから、受任者は民法645条に基づく報告義務を負います。死後事務委任契約においては、受任者が事前に委任事務を遂行するための資金を預かって管理することが委任事務の遂行のためには簡便であることから、実務上、受任者が一定の金銭を委任者から預かって保管しているケースが多く見受けられます（【30】参照）。

　このようなケースでは、受任者は、委任者に対し、預り金の保管の状況に関して報告する義務があります。

　受任者が預り金を使い込んだり、不正に引き出したりしたと疑われないためにも、受任者は、委任者からの問合せに対応するだけでなく、自ら積極的に預り金の保管の状況を定期的に報告すべきです。報告の方法としては、記帳した最新の預貯金通帳等の写しを添付することが考えられます。

　死後事務委任契約における委任事務は、本来、葬儀に関する事柄等委任者の死亡直後に関係することが多いため、委任者が死亡したときには、受任者としてはいち早くその情報を手に入れる必要があります。このため、実務上は、委任者の状況にもよりますが、1か月から3か

月に1回程度、委任者に対して連絡をとり、委任者の健康状態を把握
することになります（【15】参照）。受任者は、委任者に対するかかる連
絡に併せて、預り金の保管の状況を報告するのが望ましいといえます。

2　委任者の死亡後における委任者の相続人への定期的な連絡や報告

（1）　委任者の死亡発覚直後の連絡や報告

　相続人は、被相続人の財産に属した一切の権利義務を承継するため
（民896本文）、受任者は、委任者の地位を承継した委任者の相続人に対
して死後事務委任契約に基づく報告義務（民645）を負うことになりま
す（【17】参照）。

　このため、受任者は、委任者が死亡した事実を把握した時点で、速
やかに委任者の相続人に連絡をする必要があります。

　この点、委任者の中には、自分が死亡したことを相続人に知らせて
ほしくないという要望を持っているケースもありますが、例えば、葬
儀への参列をお断りする、お墓の場所を伝えないということは可能で
あっても、制度上、最後まで委任者の死亡を含めて一切の連絡をしな
いということはできませんので、そのような依頼を受けた場合には、
丁寧に制度を説明し、理解してもらうようにしましょう。

（2）　委任事務の遂行中における定期的な連絡や報告

　受任者が委任事務を遂行するのに要する期間は、葬儀や埋葬だけの
短期的な委任事務の場合や年忌法要等、数年にわたる長期的な委任事
務の場合等、契約の内容によって様々です。

　受任者は、委任事務に関する報告義務がありますので（民645）、委任
者の相続人から問合せがあった場合のみならず、委任事務の遂行に要
する期間が長期に及ぶ場合には1か月から3か月に1回程度は、委任
事務の遂行及びそれに伴う収支の状況を記載した一覧表を作成すると

ともに、領収書等収支の裏付資料を添付した収支計算報告書を作成して、委任者の相続人に送付するなどの対応をしましょう。なお、相続人が複数の場合には、相続人全員に対して連絡や報告をすることが望ましいでしょう。

（3）　委任事務の完了に伴う連絡や報告

受任者は、委任者の相続人に対し、委任事務が完了したことを連絡するとともに、委任事務の遂行及びそれに伴う収支の状況を書面にて報告します。なお、委任事務の完了に伴って報酬を預り金から支出した場合には、それについても、前記の収支の状況と併せて報告するようにしましょう（【35】参照）。

なお、相続人が不存在の場合には、委任者の死亡後から委任事務の完了まで報告を行う対象者がいないため、事実上、報告の必要がないことになります。しかし、未処理の財産があり、それを引き継ぐために、相続財産清算人の選任（民952）を必要とする場合には、相続財産清算人に対し、受任者がこれまで遂行してきた委任事務及びそれに伴う収支（報酬を出金した場合も含みます。）の状況を記載した一覧表を作成するとともに、領収書等収支の裏付資料を添付した収支計算報告書を作成して、相続財産清算人に連絡や報告をする必要があります。相続人がいないからといって収支の管理を怠らず、適正に委任事務を遂行するようにしましょう。

3　結　論

Xは、死後事務委任契約を締結した際に、委任事務を遂行するための資金を預かった場合には、たとえAが死亡していない間においても、Aに対して死後事務委任契約に基づく報告義務を負うことになります。このため、Xは、Aに対し、預り金の保管の状況について定期的に報告しなければなりません。

　また、Xは、Aの死亡後は、Aの相続人が委任者の地位を承継していることから、Aの相続人に対し、①Aの死亡によって委任事務が開始したとき、②委任事務を遂行しているとき、③委任事務が完了したとき、それぞれの段階において連絡や報告をする必要があります。

　なお、相続人が不存在の場合には、報告義務の対象者がいないため、定期的な連絡や報告をする必要はありません。しかし、未処理の財産が存在するなど、相続財産清算人を選任する必要がある場合には、相続財産清算人に対し、委任事務の遂行に関する連絡や報告をする必要があるため、相続人が不存在であるからといって、収支の管理を怠ることなく、収支計算報告書を作成するようにしましょう。

【17】　死後事務を遂行する際に、委任者の相続人への通知や連絡は不要!?

　委任者Aが死亡し、死後事務委任契約に基づく死後事務の遂行をする必要が生じた。その際に、受任者Xは、Aの相続人に対し、通知や連絡をする必要はないか。

POINT	・受任者は、委任者が死亡した事実を把握した場合、死後事務委任契約に基づき死後事務を遂行することになるが、それと同時に、委任者の死亡は相続開始の効果も生じるため、相続人は委任者の地位を承継することになる

誤認例	委任者の相続人は死後事務委任契約の当事者ではないので、委任者の死亡後に通知や連絡をする必要はない。

本当は	委任者の相続人は、死後事務委任契約の当事者ではないものの、委任者の死亡により、委任者としての地位を承継している。受任者は、委任者の相続人に対し、死後事務委任契約における報告義務を負うことから、死後事務の遂行に関する報告のため、通知や連絡をする必要がある。

解　説

1　委任者の死亡と相続人との関係

　死後事務委任契約は、受任者が、既に死亡した委任者との間で、委任者の生前に締結した契約です。そうすると、契約の当事者は委任者と受任者となるため、受任者は、契約の当事者ではない委任者の相続人には一切の義務を負わないと考えがちです。

　さらに、委任者の相続人への通知や連絡を受任者に義務付ける明文の規定がないことからも、相続人への通知や連絡を不要と結論付けてしまいそうです。しかし、これは誤りです。委任契約では、通常、当事者の一方が死亡すれば契約は終了しますが（民653一）、死後事務委任契約は委任者の死後事務に関して委任者の生前に契約を締結するものであるため、委任者の死亡が契約終了の原因にならないばかりか（【2】参照）、むしろ死後事務開始の条件と考えられます。

　一方、相続人は、被相続人の財産に属した一切の権利義務を承継するため（民896本文）、受任者は、委任者の地位を承継した委任者の相続人に対して死後事務委任契約に基づく報告義務を負うことになります。このため、受任者は、委任者が死亡した事実を把握した時点で、速やかに相続人に通知や連絡をするとともに、今後の死後事務の遂行に際して報告をしなければなりません。

2　受任者による死後事務の遂行の円滑化

　実務上は、死後事務委任契約における委任者に相続人がいれば、死後事務委任契約の締結段階から通知や連絡をするなどして、受任者と相続人との関係性を事前に構築している場合が多いように思います。委任者が死亡した後の死後事務の遂行の過程においては、相続人への財産の引渡しや委任者名義の預貯金口座の取扱い等につき、相続人の協力が欠かせない場合が多く、相続人の協力を得た方が、死後事務を円滑に進められるという実情があるからです。

　したがって、死後事務委任契約を締結する際には、受任者は、委任者との間で、相続人の有無や相続人との連絡手段に関して詳細に情報を共有しておくべきですし、特に相続人が少数である場合には、死後事務委任契約の締結時に各相続人からも理解を得るなどして信頼関係を築いておくとよいでしょう。相続人の存否が不明な場合においても、死後事務委任契約の締結時に、できる限り、親族関係について聴取し、相続人の有無や範囲について検討しておくべきです。

　なお、受任者が相続人に無断で委任者の預金契約等の解除をした事例において、受任者の不法行為責任が否定された裁判例（東京地判平28・7・29（平27（ワ）25693））があります。この裁判例からは、委任者の相続人に通知をしなかったとしても、直ちに受任者の権限がなくなるとまではいえないと考えることもできますが、いずれにせよ、委任者の相続人との間でトラブルにならないよう留意すべきことはいうまでもありません。

3　結　論
　Xは、死後事務委任契約における委任者の地位を承継しているAの相続人に対し、Aが死亡した事実や委任事務の遂行に関する報告のため、通知や連絡をする必要があります。

《参考となる裁判例》
○相続人に無断で委任者の預金契約等の解除をした受任者に対する不法行為責任を否定した事例（東京地判平28・7・29（平27（ワ）25693））
○相続人に無断で委任者の定期預金等を払い戻した受任者に対する不法行為責任を否定した事例（東京高判平11・12・21判タ1037・175）

2　葬儀・法要に関する事務

【18】　成年後見人と死後事務委任契約の受任者のいずれもが葬儀の手配をしていた場合に、どちらが優先する!?

　弁護士Xは、Aとの間で死後事務委任契約を締結しており、当該契約では、Aの葬儀の方法や費用について細かく指定されていた。Aが死亡した旨の連絡を受けたため、Xが葬儀の手配をしようとしたところ、Aには別の弁護士Yが成年後見人に就任していたため、Yが葬儀の手配をしていた。どちらが優先するか。

POINT	・成年後見人は、原則として葬儀の手配をすることができないため、死後事務委任契約に葬儀の方法や費用について指定されていた場合には当該契約の定めに従うことになる

誤認例	成年後見人による成年被後見人の葬儀の手配は、「その死体の火葬又は埋葬に関する契約の締結」（民873の2三）に該当するため、成年後見人も葬儀の手配をすることができる。

本当は	成年後見人が行うことができる死後事務のうち、「その死体の火葬又は埋葬に関する契約の締結」（民873の2三）には葬儀の手配は含まれないため、成年後見人は、原則

として葬儀の手配をすることができない。死後事務委任契約に葬儀の方法や費用について指定されていた場合には当該契約の定めが優先する。

解　説

1　成年後見人による成年被後見人の葬儀の手配

　成年後見人が成年被後見人の死亡後に行うことができる死後事務の範囲が明確化されたことは既に述べたとおりです（【11】参照）。

　このうち、成年後見人による成年被後見人の葬儀の手配が、「その死体の火葬又は埋葬に関する契約の締結」（民873の2三）に該当するかが問題となりますが、葬儀は、火葬・埋葬と違って公衆衛生上不可欠というわけではなく、宗派や規模も様々であり、相続人とトラブルになるおそれもあることから、原則としてこれには該当しないと解されています（大阪家庭裁判所家事第4部後見係（大阪家裁後見センター）「大阪家裁後見センターだより（連載第3回）」月刊大阪弁護士会2017年10月号54頁）。もっとも、実務上、成年被後見人に身寄りがない場合等に、成年後見人が火葬・埋葬と一緒に最小限の葬儀を執り行うニーズもあると思われますので、火葬及び納骨とセットで小規模で宗教色の薄い葬儀を行うという場合には、火葬に付随する事務として、その費用についても預貯金払戻しの許可をする取扱いをしている家庭裁判所もあるようです。

2　死後事務委任契約における葬儀に関する定め

　死後事務委任契約において葬儀に関する定めを置くことで、委任者は自らの葬儀を確実に実施してもらうことができるようになります。

　その際に、宗派や寺院の名称及び所在地、連絡先、葬儀の規模、葬儀費用の上限等を死後事務委任契約の内容に盛り込んでおくとよいでしょう。

　もっとも、委任者の死亡後に相続人や親族との間で紛争が発生しないよう死後事務委任契約を締結する際に、相続人や親族に当該契約にこのような定めを置いていることについて説明をしておくことで後の紛争を回避することができますので、委任者と相談の上、相続人や親族に事前に説明する機会を設けるべきかを検討しましょう。

　委任者が事前に死後事務委任契約の内容を相続人や親族に伝えることに難色を示すことも考えられますが、特に支障がない限りは、委任者自身の希望に沿った葬儀を円滑に実施するためには、事前に相続人や親族に説明をしておいた方がよい旨を伝えるべきでしょう。

3　死後事務委任契約における納骨、埋葬、永代供養に関する定め

　納骨、埋葬、永代供養に関しても、前記２と同様に、これらを行う場所、所在地、連絡先、規模、費用の上限等を死後事務委任契約の内容に盛り込んでおくとよいでしょう。

　なお、永代供養に関しては、「永代供養墓」への埋蔵が一般的ですが（「永代供養墓」の一方式としての「樹木葬」もあるようです。）、「納骨堂」へ遺骨を収蔵する方法もあるようですので（特定非営利活動法人遺言・相続・財産管理支援センター編『終活契約の実務と書式』189頁（民事法研究会、2022））、委任者の希望を聴取しておくとともに、事前に相続人や親族への説明を検討しましょう。

4　死後事務委任契約における年忌法要に関する定め

　委任者から年忌法要の実施を求められた場合に、どこまで受任する

かについては悩ましい問題ですが、余りに長期間の死後事務を受任することはその実現可能性の問題もあり、避けるべきであると思われます（【4】参照）。死後事務委任契約の受任者としては、葬儀と同日に繰り上げて行われることが多い初七日法要までとするか、長くても三回忌法要までが一般的でしょう。

　死後事務委任契約の受任者としては、葬儀から三回忌法要までの一連の業務が終了した場合には、委任者の相続人、親族その他委任者の指定する者にその後の年忌法要の業務を引き継ぐ旨を死後事務委任契約の内容に盛り込んでおくとよいでしょう。

5　結　論

　Yは、Aの成年後見人として葬儀の手配をすることは原則としてできません。Xを受任者とする死後事務委任契約を締結していたのですから、なおさらYが葬儀の手配をする必要はないでしょう。この場合には、Xが、Aとの間で締結した当該契約の内容に従って葬儀の手配をすることになります。

【19】　葬儀会社に任せておけば問題なく火葬までできる!?

弁護士Xは、Aとの間で、Aの葬儀を葬儀会社Bに依頼することを内容とする死後事務委任契約を締結した。Xとしては、Aの死亡後、速やかにBに連絡するだけで葬儀から火葬まで行ってもらえるか。

POINT	・死後事務委任契約における受任者については、死亡の届出をすることができない（戸籍87） ・委任者が死亡してから火葬するまでの流れについては、死後事務委任契約の締結時に委任者指定の葬儀会社との間で確認しておく必要がある

誤認例	葬儀会社に連絡するだけで火葬までできる。

本当は	「火葬許可証」を取得するためには死亡の届出をする必要があるところ、その死亡を届け出るに当たって死後事務委任契約における受任者以外の者の協力が必要となる場合がある。

解　説

1　委任者死亡後の葬儀及び火葬の手配

死後事務委任契約では、親族ではない第三者（弁護士や司法書士等）

に対し、死後事務を委任することも多いと思われます。

　親族ではない第三者が死後事務を受任する場合、受任者は、葬儀の方法や費用、葬儀会社の指定等について、委任者の希望を聴取し、死後事務委任契約の内容に盛り込んでおく必要があります。

　死後事務委任契約の締結後、委任者が死亡した場合、受任者は、当該契約に基づいて、あらかじめ指定された葬儀会社に連絡するとともに、葬儀会社と協力して、委任者の遺体を引き取り、葬儀及び火葬を手配することになります。

2　火葬許可証の取得

　死後事務委任契約においては、葬儀から火葬の手配までが契約の内容になっていることが多いと思われます。

　受任者ではない親族が喪主になって葬儀を手配する場合は、通常、葬儀会社が死亡届の提出、火葬の許可の申請や火葬許可証の取得等を代行することが多く、親族は葬儀会社の指示に従っておけば滞りなく葬儀から火葬までの手続を進めることができます。

　しかしながら、親族ではない第三者が受任者である場合、受任者は、あくまでも委任者との死後事務委任契約に基づいて事務を行うにすぎません。

　そこで、問題となるのが、火葬許可証の取得手続です。

　墓地、埋葬等に関する法律（以下「墓地埋葬法」といいます。）では、火葬を行おうとする者は、厚生労働省令で定めるところにより、市町村長の許可を受けなければならないとされています（墓地5①）。そして、この許可は、火葬に係るものにあっては死亡の届出を受理した市町村長が行うものとすると定められています（墓地5②）。これにより、火葬を行おうとする者は、死亡届を受理した市町村長に対し、火葬の許可を申請することになります。

3　死亡の届出をすることができる者

　火葬許可証を取得するに当たっては、その前提として死亡の届出を
する必要がありますが、戸籍法87条では、同居の親族、その他の同居
者、家主、地主又は家屋若しくは土地の管理人、同居の親族以外の親
族、後見人、保佐人、補助人、任意後見人及び任意後見受任者が死亡
の届出をすることができると定められています。

　しかしながら、単に、委任者から死後事務を受任しているにすぎな
い者は、戸籍法87条の要件を満たさず、死亡の届出をすることができ
る者に該当しないこととなります。

　したがって、死亡を届け出るに当たっては、同条の要件を満たす者
にその届出の依頼をする必要がありますが、委任者が死亡してから前
記の要件を満たす者を探していては、火葬許可証を取得するまでに時
間を要する可能性があります（【20】参照）。

4　死亡の届出をする予定の者の決定

　受任者としては、死後事務委任契約の締結時あるいは締結後速やか
に、死亡の届出をすることができる者について確認し、その者に対し
て事前に協力を依頼しておくことが大切です。

　そして、委任者が死亡した場合には、葬儀会社に葬儀の手配をする
とともに、その協力者に死亡の届出をしてもらうことになります。

　その上で、受任者は、葬儀会社と協力して、死亡診断書と死亡届を
提出することによって、死亡届を受理した市町村長より「火葬許可証」
を受け取ることができます（墓地埋葬法8条では、市町村長が、5条
の規定により、火葬の許可を与えるときは、「火葬許可証」を交付しな
ければならないと定められています。）。

　このように、受任者が、円滑に火葬の手続を完了するためには、あ
らかじめ死亡の届出をする者を決めておき、かつ、葬儀会社との間で

火葬までの流れについて事前に確認しておくことが有益です。

　なお、死亡の届出をする予定の者が、死後事務委任契約の委任者よりも先に死亡している場合には、改めて死亡の届出をする者を探す必要がありますので、死亡の届出をする予定の者の安否確認を含めて定期的に連絡することも検討するとよいと思われます。

5　結　論

　火葬許可証を取得するに当たっては、その前提として死亡の届出をする必要があります。そして、死亡の届出は、同居の親族、その他の同居者、家主、地主又は家屋若しくは土地の管理人、同居の親族以外の親族、後見人、保佐人、補助人、任意後見人及び任意後見受任者がすることができると定められており（戸籍87）、死後事務を受任したにすぎないXは、死亡の届出をすることができません。Xが円滑に火葬の手続を完了するためには、Aの死亡後、速やかにBに連絡するだけでは不十分で、死亡の届出をする者をあらかじめ決めておくとともに、Bとの間で火葬までの流れについて事前に確認しておくなどの対処が必要になります。

3　行政官庁等への届出に関する事務

【20】　受任者は、死後事務委任契約を根拠に行政官庁等への届出をすることができる!?

　弁護士Ｘは、委任者であるＡとの間で、死後事務委任契約を締結し、死亡届の提出、火葬許可証の取得、年金事務所への受給権者死亡届の提出、マイナンバーカードの返還、健康保険被保険者証の返還及び資格喪失届の提出等について受任したが、これらの委任事務を問題なく遂行できるか。

POINT	・死後事務委任契約の受任者が委任者の相続人や親族ではない場合には、行政官庁等への届出や手続の内容によっては委任事務を遂行できない可能性がある

誤認例	死後事務委任契約において、行政官庁等への届出を委任事務として受任したとしても問題なく遂行できる。

本当は	委任者死亡後の行政官庁等への届出については、死後事務委任契約の受任者の地位に基づいてできるものが多いものの、届出や手続の内容によっては受任者ではできないこともあるため、それらの可能性を検討しておく必要がある。

1　死亡直後の死亡届の提出及び火葬許可証の取得

　死後事務委任契約において、受任者は、死亡直後の葬儀に関する事務を引き受けることが多いと思われます（【18】参照）。

　その際、死亡届を提出することになりますが、戸籍法87条では、同居の親族、その他の同居者、家主、地主又は家屋若しくは土地の管理人、同居の親族以外の親族、後見人、保佐人、補助人、任意後見人及び任意後見受任者が死亡の届出をすることができると定められている関係で、死後事務委任契約の受任者が委任者の相続人や親族ではない第三者の場合には、受任者が死亡届を提出できないこととなります。

　このため、死亡届を提出していることが前提となる火葬許可証についても取得することができなくなってしまい、死後事務委任契約が想定しているような葬儀や火葬の手続に支障が生じる可能性があります（【19】参照）。

　したがって、死亡届・火葬許可証については、委任者の死亡後にどのような手続によって取得するか、事前に検討しておくことが必要です。

2　年金の受給権者死亡届の提出

　委任者が年金を受給していた場合には、年金事務所に対して受給権者死亡届を提出する必要があります。

　実務上は、死後事務委任契約の受任者たる地位に基づき、受任者において、年金事務所に対し、死亡診断書の写し等の書類を添付した上でこれを届け出ることができるものと思われます。

　ただし、国民年金法では、「被保険者又は受給権者が死亡したときは、戸籍法（昭和22年法律第224号）の規定による死亡の届出義務者は、厚

生労働省令の定めるところにより、その旨を第三号被保険者以外の被保険者に係るものにあつては市町村長に、第三号被保険者又は受給権者に係るものにあつては厚生労働大臣に届け出なければならない」（国民年金法105④）と定められており、届出義務者は、死亡の届出義務者とされています。

　死亡の届出義務者以外の者が、届出をすることができるか明確に定められてはいませんが、国民年金法施行規則では、「氏名及び住所並びに届出人と受給権者との身分関係」を届出書に記載して、「当該事実があつた日から14日以内に」提出する（国民年金法施行規則24①）と規定され、届出人と受給権者との身分関係を届出の際に明らかにする必要があります。

　実務上の運用としては、死後事務委任契約の受任者の地位による届出が可能であると思われますが、受任する際には、届出をすることになる年金事務所にあらかじめ確認をしておくべきであると思われます。

3　マイナンバーカードの返還

　マイナンバーカードについて規定する「行政手続における特定の個人を識別するための番号の利用等に関する法律」には、マイナンバーカードを死亡後に市町村役場に返還することは求められていません。

　マイナンバーカードは、死亡によって失効するため（行政手続における特定の個人を識別するための番号の利用等に関する法律17⑥、行政手続における特定の個人を識別するための番号の利用等に関する法律施行令14四）、そのまま保有していたとしても問題となる可能性は低いものと思料します。

　しかしながら、死後事務委任契約の委任者によってはマイナンバーカードを市町村役場に返還することを希望する方もいると思われるところ、市町村役場もマイナンバーカードの返還を受け付けています。

　実務上は、マイナンバーカードを実際に返還する者が限定されているわけではありませんので、死後事務委任契約の受任者も受任者たる地位に基づいて、委任者のマイナンバーカードを返還することは可能であると思われます。

　ただし、市町村役場の窓口でマイナンバーカードを返還するためには、少なくとも受任者の身分証明書が必要になると思われますし、返還する者において委任者の相続人に対して意思の確認をしているか確認を求められる可能性もありますので、事前に返還の手続や方法について問い合わせておくべきでしょう。

4　健康保険被保険者証の返還及び資格喪失届の提出

　委任者の国民健康保険については、死亡後に、国民健康保険被保険者証を返還するとともに、資格喪失届を提出する必要があります。

　実務上は、死後事務委任契約の受任者たる地位に基づき、受任者において、市町村役場に対し、これを届け出ることができるものと思われます。

　ただし、国民健康保険法では、「世帯主は、その世帯に属する被保険者がその資格を喪失したときは、厚生労働省令の定めるところにより、速やかに、市町村にその旨を届け出るとともに、当該被保険者に係る被保険者証又は被保険者資格証明書を返還しなければならない」（国民健康保険法９⑨）と定められており、届出義務者は「世帯主」とされています。

　死後事務委任契約の受任者のように、世帯主以外の者であっても、実務上の運用としては、届出が可能であると思われますが、前記の規定が存在することも考慮すれば、受任する際には、届出をすることになる市町村役場にあらかじめ確認をしておくべきでしょう。

5　結　論

　Xは、Aから、死亡届の提出、火葬許可証の取得、年金事務所への受給権者死亡届の提出、マイナンバーカードの返還、健康保険被保険者証の返還及び資格喪失届の提出といった委任事務を受任していますが、前記のとおり、これらの委任事務の中には、単に、死後事務委任契約の受任者という地位に基づくだけでは遂行できないものも含まれている可能性があります。

　その場合は、委任事務が履行不能となってしまう可能性もあり、死後事務委任契約の委任者の意思を実現できないことで、委任者の相続人らとトラブルになる可能性もあります。

　このため、死後事務委任契約を締結する際には、受任者において、委任事務が実際に遂行可能かどうか行政官庁等に問い合わせるなど事前に確認しておく必要があります。

4　病院・施設・自宅の処理に関する事務

【21】　死後事務委任契約に相続債務の弁済の定めがなくとも医療費や老人ホーム等の施設利用料等は精算してよい!?

　弁護士Xは、委任者であるAとの間で、医療費や老人ホーム等の施設利用料等の精算に関する条項を入れずに死後事務委任契約を締結した。Aの死亡後、医療費や老人ホーム等の施設利用料等の請求書が届いたため、Xは、預り金で精算しようと思うが、このような対応で問題はないか。

POINT	・死後事務委任契約を締結するに当たっては、発生し得る相続債務についてなるべく詳細に特定して相続債務の弁済を委任事務として明記するとともに、それらの相続債務を弁済できるだけの金員をあらかじめ確保しておくことが重要である

誤認例	死後事務委任契約において相続債務の弁済について定めがなくても、預り金を利用して相続債務を弁済して問題ない。

本当は	死後事務委任契約において相続債務の弁済について定めておかなければ、預り金があったとしてもこれを利用して相続債務を弁済することができない。

解　説

1　死後事務委任契約の委任者は相続債務の弁済を期待すること

　死後事務委任契約の委任者は、相続人がいないか、あるいは、相続人がいたとしても自らの死亡後円滑に死後事務を行ってもらうのが難しいという事情を抱えている方が多いと思います。

　このような場合には、委任者としては、死後事務が円滑に履行されることを期待して死後事務委任契約を締結するものと思われますが、その中でも、受任者が相続債務を弁済してくれることを希望することが多いと思います。

　すなわち、委任者が死亡する際に相続債務を全く抱えないようにすることは難しく、相続債務の発生は避けられない以上、自らの死後事務の履行を依頼する委任者としては、相続債務の処理にも関心があるはずです。

　なお、生前は年金等を受け取っているので毎月の生活に必要な費用は支払えるものの、死亡したことでそれらの支給が停止した場合に、そもそも、相続債務が相続財産の総額を上回るようなときには、相続債務の一部についてのみ弁済するのは避けるべきです。そのような事態が想定される場合には、委任事務として相続債務の弁済を含めるべきではないと思われます。死後事務委任契約の締結時においてこのような状況にはなかったとしても、死亡時点において債務超過となっている可能性は否定しきれませんので、受任者としては、委任者が死亡した後、相続債務を弁済する前に、相続財産と相続債務の状況をチェックするのが適切であるといえます。

　相続債務が相続財産を上回る場合には、相続人に対して相続の放棄を促し、全ての相続人が家庭裁判所に相続の放棄を申述することで相続人が不存在となりますので（民939）、「相続人のあることが明らかで

ないとき」（民951）に該当し、相続財産法人が成立します。もともと相続人がいないときも同様です。相続人のあることが明らかでないときには、家庭裁判所は、利害関係人又は検察官の請求によって、相続財産清算人を選任しなければなりません（民952①）（【36】参照）。その上で、選任された相続財産清算人において相続債権者に対して弁済を行うことが考えられます。

　なお、全ての相続債務の弁済ができそうにないことがあらかじめ判明している場合には、委任者の死期が迫っているなどの事情が判明したときに、医療費や老人ホーム等の施設利用料等を委任者が死亡する前にできるだけ支払ってしまうことも検討に値するものといえます。

2　死後事務委任契約に相続債務の弁済についての定めがなかった場合の相続債務の処理

　通常は、死後事務委任契約において、医療費や老人ホーム等の施設利用料等の相続債務の弁済に関する定めを設けることが多いと思われますが、当該契約にこれらの相続債務の弁済についての定めがなかった場合はどうなるのでしょうか。

　この場合は、そもそも、相続債務の弁済が委任事務の範囲に含まれるかが問題になると思われます。

　死後事務委任契約全体の趣旨からすれば、相続債務の弁済も委任事務の範囲内であると解釈できる場合には、相続債務の弁済も可能となるものと思われますが、そうではない場合には、そもそも委任事務の範囲外となり、受任者には相続債務の弁済権限がないことになります。

　仮に、相続債務の弁済も委任事務の範囲内であると解することができる場合であったとしても、その弁済原資については、死後事務委任契約における委任事務の履行に必要な費用に充てることが許容されている預り金になります。受任者が、預り金以外の委任者の現金や預貯

金を利用して相続債務の弁済をすることは、契約の趣旨から許容されているとは言い難いため、避けた方がよいでしょう。

　受任者が、相続債務の弁済を想定して弁済原資をあらかじめ預かり、保管していない場合には、弁済原資が不足する可能性もあり、事実上、相続債務を弁済することができないこととなります。もっとも、受任者が、受任者としての債務を履行しようとする場合は、受任者において立て替えて支払った上で、相続人又は相続財産清算人、遺言執行者（遺言で遺言者の債務の弁済後の残金を相続させる（遺贈する）場合、いわゆる清算型遺贈の場合）に対して請求することになると思われます（【30】【31】参照）。

3　死後事務委任契約に相続債務の弁済について詳細に定めておくことの重要性

　死後事務委任契約に相続債務の弁済を委任事務とする旨の定めがない場合には、受任者が相続債務を弁済することができない事態を招来してしまうかもしれません。

　したがって、死後事務委任契約を締結する際には、当該契約を締結する時点で想定し得る相続債務について可能な限り特定して相続債務の弁済を委任事務として明記するとともに、それらの相続債務を弁済できるだけの金額、すなわち預り金の額についても詳細に検討をしておくことが望ましいものといえます。

　なお、委任者が自宅を所有していて住宅ローン等の支払が必要となる場合は、相続債務の弁済という側面のみならず、相続財産である自宅そのものの処分の適否が関連してきますので、そのような相続債務については弁済することが困難であると思われます。委任事務に相続債務の弁済を含める場合には、弁済の対象とする相続債務の性質についても検討する必要があります。

4　結　論

　XとAとの間の死後事務委任契約には、医療費や老人ホーム等の施設利用料等の精算に関する条項が入っていないため、相続債務であるこれらの費用について預り金を利用して弁済することは避けた方がよいといえます。

　死後事務委任契約を締結するに当たっては、相続債務のうち、医療費や老人ホーム等の施設利用料等のように、委任事務として弁済すべき相続債務の範囲を事前に特定し、死後事務委任契約にきちんと明記しておく必要があります。また、これらの相続債務を弁済するために十分な預り金を事前に預かっておくことも検討しましょう（【30】【31】参照）。

【22】　死後事務委任契約を根拠として委任者の父母の写真や遺影を廃棄してもよい!?

弁護士Xは、委任者であるAとの間で、Aの死亡後に、Aが所有するAの父母の写真や遺影を廃棄する内容の死後事務委任契約を締結した。Aの死亡後、Xが死後事務委任契約に基づいて、Aの父母の写真や遺影を廃棄することに問題はないか。

POINT	・財産的価値の有無にかかわらず委任者が死亡時に保有していた財産は相続財産となるので、原則として相続人が承継する ・動産の処理をする際には、相続人とのトラブルを防止するため、事前に相続人の意向を確認することが望ましい ・遺言がある場合には、遺言との抵触にも留意する

誤認例	写真や遺影は財産的価値のない動産なので、委任者の死亡後に廃棄するという内容の死後事務委任契約が締結されていれば、問題なく委任者の死亡後に写真や遺影を廃棄できる。

本当は	写真や遺影のような主観的に価値があると想定される動産については、相続人とのトラブルを防止するため死後事務委任契約の締結前や当該契約に基づいて廃棄する前に相続人に意向を確認するなど、より慎重な対応が求められる。

解　　説

1　死後事務委任契約による動産の処理上の注意点

　委任者が死亡時に保有していた財産は、財産的価値の有無にかかわらず相続財産となることから、家財道具や生活用品、写真、遺影等の動産についても、原則として相続人に処理を委ねることになります。

　ところが、委任者に相続人がいなかったり、相続人がいたとしても委任者との関係性に問題があったりする場合には、相続人にその処理を委ねることができないことから、委任者の死亡後残置されたこれらの動産の処理に支障が生じないよう死後事務委任契約を根拠に処理することが考えられます。

　もっとも、死後事務契約を根拠として動産を処理するに当たっては、①動産の財産的価値の有無とその性質、②遺言の有無とその内容について留意する必要があります。

2　動産の財産的価値の有無とその性質

（1）　財産的価値のある動産を処理する際の注意点

　動産の処理に関しては、遺言において当該動産を相続する者が定められていることがあり、その場合には遺言と死後事務委任契約が抵触するので注意が必要です。

　特に、処理を依頼された動産の中に財産的価値のある物品が含まれている場合、その物品の処理については、遺言に定めが置かれていることが多く、当該物品を廃棄したり、特定の相続人に引き渡したりする旨の死後事務委任契約は遺言の内容と抵触している可能性があります。遺言と抵触している場合には、死後事務委任契約の履行時に遺言と当該契約のどちらが優先されるのかという問題が生じることから、そもそもこれらを内容とする死後事務委任契約を締結すること自体避

けるべきでしょう（【5】【23】参照）。

（2）　主観的に価値がある動産を廃棄する際の注意点

　財産的価値のない物品であっても、相続人にとっては主観的に価値がある物品（写真や遺影、故人との思い出の品等）である場合があり、相続人に無断でこれらの物品を廃棄してしまうと相続人との間でトラブルが発生する可能性があります。

　相続人とのトラブルを避ける方法として、委任者が廃棄を希望する物品については、死後事務委任契約を締結する前に廃棄の対象となる範囲を相続人との間で協議してもらい、相続人から廃棄の了承を得ておくことが望ましいでしょう。一方で、相続人との事前の協議が難しければ、死後事務委任契約において、廃棄の対象とする物品について形見分けの機会を設け、それでも残った物品につき廃棄する旨を定め、廃棄の前に相続人の意向を確認するようにしておくといった方法が考えられます。

3　遺言内容確認の重要性

　既に遺言が作成されている場合には、委任者が死亡時に保有していた動産について、「動産は全て○○に相続させる」というように、遺言で相続する者が指定されていることが多いでしょう。この場合には、動産を処理するという内容の遺言と死後事務委任契約が抵触します。また、遺言に「動産」という文言がなくとも、「その他の財産は全て○○に相続させる」というように、包括的に定められている場合には、「その他の財産」に動産が含まれますので、動産についても相続する者が遺言で定められていることになります。

　このように、遺言と死後事務委任契約が抵触している場合には、相続人とのトラブルが予想されるだけでなく、そもそも遺言の内容に抵触する死後事務を行うことができるのかという問題も生じるため、動

産の処分に当たっては遺言書の有無及びその内容を確認する必要があります。

4　結　論

　Aが死亡時に保有していた全ての財産は財産的価値の有無にかかわらず原則として相続財産となることから、Aが保有していた動産を処理するとの内容の死後事務委任契約を履行するに当たっては、Aの相続人との間でトラブルが発生しないよう注意をする必要があります。特にAの父母の写真や遺影のような主観的に価値があると想定される動産を廃棄する場合は、事前に相続人と協議の上、廃棄の了承を得たり、形見分けの機会を設けたりするなどの措置を講じることが考えられます。

　また、Aが遺言を作成しており、遺言の中に動産の帰属に関する定めがある場合には、遺言と死後事務委任契約との抵触が問題となります。

　したがって、Xは、死後事務委任契約に基づいて動産を廃棄する際には、Aの相続人の意向や、Aの遺言の有無及びその内容を事前に確認するなど、慎重に対応する必要があります。

【23】　死後事務委任契約を根拠として高級腕時計を引き渡すことは問題ない!?

　弁護士Xは、委任者であるAとの間で、Aが所有している高級腕時計をAの死亡後にAの子Bに引き渡すことを内容とする死後事務委任契約を締結した。その高級腕時計は海外ブランド製で相当の価値がある。Xは、Aの死亡後、死後事務委任契約に基づいてBに高級腕時計を引き渡しても問題ないか。

POINT	・財産的価値のある動産の引渡しは遺言制度との抵触が顕著であり、死後事務委任契約を根拠として動産の引渡しを行うことは避けるべきである

誤認例	財産的価値のある動産であっても、死後事務委任契約において動産の引渡しが規定されていれば、当該契約に基づいて問題なく動産を引き渡すことができる。

本当は	財産的価値のある動産の引渡しに関する事項は死後事務委任契約ではなく遺言によって定められるべき事項であるため、死後事務委任契約を根拠として財産的価値のある動産の引渡しを行うことは問題がある。

1　遺言制度との抵触

　委任者が所有する財産は、動産であっても全て相続財産となることから、動産を誰に相続させるかという事項も法定遺言事項に該当します。

　民法が遺言に厳格な成立要件を設けている趣旨からすれば、本来、遺言によって定めるべき動産の引渡しについて死後事務委任契約で定めることは、遺言制度の潜脱行為として無効と判断され、動産の引渡しができなくなるおそれがあります（【5】参照）。

　法定遺言事項に該当する事項を定めた死後事務委任契約が全て無効となるわけではありませんが、どの程度の財産的価値のある動産の引渡しまでが当該契約として有効かという線引きは難しく、一定の価値がある動産については遺言制度との抵触の問題があることを委任者へ説明し、遺言の作成を検討した方がよいでしょう（最判平4・9・22金法1358・55）。

　特に、高級腕時計のように財産的価値の高い動産は遺言制度との抵触が顕著であり、また、他の相続人から異議が出る可能性が高いことから、死後事務委任契約を根拠として財産的価値の高い動産を引き渡すことは避けた方が無難です。

2　動産引渡しの死後事務委任における注意点

（1）　遺言との抵触

　財産的価値の低い動産の引渡しについては死後事務委任契約によることも考えられますが、その際には、委任者が遺言を作成しているか、作成しているのであれば、遺言と死後事務委任契約の内容が抵触していないか確認する必要があります（【22】参照）。

（2）　動産を引き渡す際の注意点

　動産を引き渡す相手が相続人である場合、動産の受領が民法921条1号の単純承認に当たる可能性があり、その場合には相続の放棄ができなくなることに注意が必要です。

　故人が生前着用していた衣類や古い家財道具等財産的価値のない物については、それを相続人が受領しても単純承認事由には該当しないとされていますが、財産的価値の有無についてはその線引きが難しく、一定の経済的価値があると思われる場合は、当該動産の受領が単純承認に当たる可能性があることを説明した上で、当該動産を引き渡す方が望ましいでしょう（東京高決昭37・7・19東高民時報13・7・117、山口地徳山支判昭40・5・13判タ204・191）。

3　結　論

　高級腕時計等の財産的価値の高い動産を引き渡す内容の死後事務委任契約は無効と判断される可能性があるため、死後事務委任契約を根拠としてBに高級腕時計を引き渡すことは避けた方がよいでしょう。また、財産的価値の高くない動産であっても、遺言と抵触していないか、動産の引渡しが民法921条1号の単純承認に該当しないかに留意する必要があります。

《参考となる判例等》

○家政婦等への謝礼金を委任者の死亡後に支払うことを内容とする委任契約が締結された場合に、本来、法定遺言事項に当たる当該委任事項を遺言ではなく委任契約で定めたことについて、契約の有効性を問題とせずに、当該委任契約に委任者の死亡によって契約を終了させない旨の合意が包含されていることをもって当該委任契約は有効であるとした事例（最判平4・9・22金法1358・55）

○相続人が不動産、商品、衣類等、財産的価値が相当にあった被相続人の相続財産の中から形見の趣旨で背広上下、冬オーバー、スプリングコートを持ち帰ったことが、民法921条1号の処分に当たらないとした事例（山口地徳山支判昭40・5・13判タ204・191）

○相続人が被相続人の既に交換価値を失う程度に着古した上着とズボンを元使用人に与えても、一般的経済価格がある物の処分とはいえないことから、民法921条1号の相続財産の処分には該当しないとした事例（東京高決昭37・7・19東高民時報13・7・117）

【24】　死後事務委任契約を根拠に、電気、ガス、水道等の利用契約その他の継続的な役務提供契約の解約等の手続を履行できる!?

　弁護士Xは、Aから、Aの死亡後、①電気、ガス、水道等の利用契約の解約、②インターネット等の通信契約の解約、③SNS等の利用契約の解約及びアカウントの削除を依頼された。

　Xは、これらの業務を履行できるか。

POINT	・電気、ガス、水道等の利用契約、インターネット等の通信契約その他の継続的な役務提供契約については、相続人において利用を継続する意思があるか否かを確認し、死後事務委任契約の内容とすべきかを判断する

- ・電気、ガス、水道等の利用契約、インターネット等の通信契約その他の継続的な役務提供契約については、利用料金の滞納による解約も視野に入れて対応する
- ・SNS等の利用契約の解約及びアカウントの削除については、事前にアクセス情報を取得しておく

誤認例	死後事務委任契約の受任者は、①電気、ガス、水道等の利用契約の解約、②インターネット等の通信契約の解約、③SNS等の利用契約の解約及びアカウントの削除の各業務を履行することができない。

	死後事務委任契約の受任者は、①電気、ガス、水道等の利用契約の解約、②インターネット等の通信契約の解約、③SNS等の利用契約の解約及びアカウントの削除の各業務を履行することができる。
本当は	もっとも、いずれの場合においても、契約の相手方が解約手続に応じない場合には、利用料金の滞納による解約を視野に入れることで手続を完了できる可能性がある。③については、事前に委任者からアクセス情報を取得することで手続を完了できる可能性がある。

解　　説

1　生活に密接に関連する契約関係等の処理の必要性

　電気、ガス、水道等の利用契約、インターネット等の通信契約その他の継続的な役務提供契約の解約（名義変更を含みます。）及び利用料金の精算を死後事務委任契約の内容とすることはしばしばあります。

　また、インターネットの普及に伴い、国民一人一人がスマートフォンやパーソナルコンピュータを保有していることが当たり前の時代になり、委任者がSNS（Social Networking Service）等のインターネット上で提供されているサービスに関するアカウントを保有しているケースが増えています。このため、委任者が死亡した後に、委任者が保有するSNS等の利用契約の解約及びアカウントの削除を依頼されることがあります。

2　電気、ガス、水道等の利用契約の解約

　電気、ガス、水道等の利用契約については、契約者が死亡したとし

ても、これらの契約の解約手続等を行わない限り、利用料金が請求され続けることになります。

　推定相続人が委任者と同居している場合には、同居人がこれらの契約について自身に対する契約者の変更手続を希望することが想定できます。死後事務委任契約の受任者が契約者の変更手続を行うケースは必ずしも多くないため、推定相続人が自身に対する契約者の変更手続を希望する場合には、死後事務として受任することなく、相続人に手続を委ねる方が、円滑に契約者名義及び支払方法を変更することができます。

　委任者に同居人がいないなど電気、ガス、水道等を継続的に利用する必要がない場合には、受任者が解約手続を受任し、これを行うことになります。

　具体的な手続としては、それぞれの利用契約の相手方に対し、利用契約の解約を申し入れることになります。

　もっとも、昨今は電気及びガスは、いずれも消費者が供給元の業者を選択できる制度になっているため、事前に、委任者に対して契約の相手方を確認しておく必要があります。水道については、各地方公共団体の水道局が管理運営を行っているため、管轄の水道局に解約の連絡をすることになります。

　しかしながら、電気、ガス、水道のいずれも、死後事務委任契約の受任者による解約手続が行われたケースは必ずしも多くないため、解約手続に応じてもらえない可能性があります。

　このような場合には、速やかに相続人又は相続財産清算人に対して引継ぎを行ったり、利用料金を複数回滞納することで、利用料金の滞納を原因とする契約の相手方からの解約によって契約関係を終了させたりすることも検討する必要があります。もっとも、後者の措置（利

用料金の滞納による契約の相手方からの解約）をとる場合には、解約手続が完了するまで利用料金が発生することになるため、死後事務委任契約を締結する際には、委任者に対し、解約手続に応じてもらえない可能性があること、その場合には利用料金を滞納することで契約の相手方からの解約の申入れを待つことになる可能性があること、解約手続が完了するまで利用料金を負担せざるを得ないこと等を説明しておくことが好ましいといえます。

　また、推定相続人に対しても、事前に同様の説明をし、事務の引継ぎを行った上で、推定相続人において解約手続を行ってもらう可能性があること等を伝えておくのが好ましいでしょう。

3　インターネット等の通信契約の解約

　インターネット等の通信契約については、約款で解約権者が限定されていることが多いため、利用者が任意に定める代理人が解約権者に該当するとは定められていないケースが多いです。

　そのため、受任者が解約手続を行おうとしても、手続に応じてもらえない可能性が高いといえます。

　したがって、委任者がインターネット等の通信契約の解約手続を委任事務とすることを希望した場合には、電気、ガス、水道等の利用契約と同様に、解約手続に応じてもらえない可能性があること、利用料金を滞納することで契約の相手方からの解約の申入れを待つことになる可能性があること、解約手続が完了するまで利用料金を負担せざるを得ないこと等を説明しておくことが好ましいといえます。

　また、推定相続人に対しても、事前に同様の説明をし、推定相続人において解約手続を行ってもらう可能性があること等を伝えておくのが好ましいでしょう。

4　SNS等の利用契約の解約及びアカウントの削除

　SNS等については、推定相続人にSNS等の内容を閲覧されることに抵抗があるというケースも多いため、このような場合には、受任者にSNS等の利用契約の解約及びアカウントの削除を依頼することになるでしょう。

　また、昨今は、インターネットサービスが月額又は年額課金制によって提供されることも増えており（いわゆる「サブスクリプションサービス」）、委任者が課金を停止するために、受任者に対し、サブスクリプションサービスの解約及びアカウントの削除を依頼することも想定できます。

　もっとも、SNS等についても、利用規約等で解約権者が限定されていることが多いため、利用者が任意に定める代理人が解約権者に該当するとは定められていないケースが多く、役務（サービス）提供者に対して事情を説明したとしても、解約に応じてもらえないことが想定されます。

　このようなケースに備えて、事前に委任者からSNS等のログインID及びパスワード等のアクセス情報の聴き取りを行い、委任者の死亡後に受任者が自らログインして解約手続を行うことができるよう準備しておくべきといえます。

　なお、このような対応については、不正アクセス行為の禁止等に関する法律3条及び5条との関係が問題になり得ますが、委任者の依頼に基づくログインID及びパスワード等のアクセス情報の取得並びにアカウントへのアクセスであることから、死後事務委任契約に基づいて委任者のSNS等のアカウントにログインすることが不正アクセスに該当することはありません。

　もっとも、後に、役務（サービス）提供者から不正アクセスであったとの指摘を受ける可能性もあり得るため、死後事務委任契約を締結する際には、具体的な役務（サービス）の特定や、当該契約に基づい

てアクセス情報を提供すること、これを利用して該当のSNS等のアカウントにログインして利用契約の解約及びアカウントの削除を行うこと等を具体的に定めておくことが好ましいといえます。

5　結　論

　Xは、①電気、ガス、水道等の利用契約、②インターネット等の通信契約については、契約の相手方に対し、死後事務委任契約により権限が付与されていることを示した上で、解約手続を行う旨の連絡をしてみるべきでしょう。

　契約の相手方がこちらの申出に応じない場合で、相続人の協力が期待できるケースでは、相続人に事情を説明の上、引継ぎを行うことも検討しましょう。

　相続人の協力が期待できない場合には、利用料金の支払を停止し、滞納を原因とする契約の相手方からの解約を進めることになります。

　③SNS等の利用契約の解約及びアカウントの削除については、死後事務委任契約を締結する際に、ログインID及びパスワード等のアクセス情報を委任者から聴き取った上で、委任者の死亡後、受任者がログインID及びパスワード等のアクセス情報を利用してアカウントにログインすることで利用契約の解約及びアカウントの削除をすることができる場合があります。

【25】 死後事務委任契約の受任者は、委任者が賃借していた自宅の明渡しを問題なく履行することができる!?

　弁護士Xは、Aから、Aの死亡後にAが賃借して居住している自宅に係る明渡しの手続を委任された。Xは、当該委任事務を問題なく履行することができるか。

POINT	・賃借人の死亡によって、賃借人たる地位は相続人に承継されることになる ・賃貸人から返還される敷金・保証金の受領方法についても一定の注意が必要である

誤認例	死後事務委任契約の受任者は、委任者が賃借していた自宅の明渡しを問題なく履行することができる。

本当は	賃貸人が相続人の承諾を求めてくる場合や、敷金・保証金の返還が発生する場合があり得るため、委任事務の履行が円滑に進まない可能性がある。

解　説

1　死後事務委任契約で賃貸借契約の解約等を委任事務に指定する必要性

　民法上、賃借人が死亡しても賃貸借契約自体は終了しないため、賃

借人の死亡後も継続的に賃料が発生し続けてしまいます。そのため、賃借人の死亡後は、なるべく速やかに賃貸借契約の処理を行う必要が生じます。

　しかし、賃貸借契約の解約については遺言事項ではないため、賃貸借契約の解約について遺言で定めていたとしても法的効力は生じず、賃貸借契約の解約をなし得ない可能性があります。

　そこで、死後事務委任契約を締結し、受任者に対し、賃貸借契約の解約等の処理を委任するということが考えられます。

2　相続人による賃貸借契約の賃借人たる地位の承継

　もっとも、死後事務委任契約で賃貸借契約の解約等の処理を委任していたとしても、その後の手続が円滑に進まない可能性があります。

　すなわち、前記のとおり、賃借人が死亡したとしても賃貸借契約が終了しない結果として、賃借人たる地位は「被相続人の財産に属した一切の権利義務」として、賃借人の相続人へと承継されることになります（民896本文）。したがって、委任者である賃借人について相続が開始した後は、賃借人の相続人が賃貸借契約の新たな当事者となります。

　そのため、賃貸借契約を解約するに当たって、賃貸人としては賃借人の相続人の意向を尊重するような姿勢をとることが想定されます。そうすると、死後事務委任契約の受任者が、賃貸人に対して契約の解約等を申し入れても、賃貸人からは、賃借人の相続人の承諾を得るよう求められることが考えられます。

　では、死後事務委任契約の受任者が、受任者としての地位に基づき、賃借人の相続人の承諾を得ることなく賃貸借契約を解約することはできないのでしょうか。

　死後事務委任契約を締結する場合、委任者の死亡によっては委任契約は終了しないと規定することが通常であり、このような規定によっ

て、委任契約が終了しないことはもちろん、委任者から受任者に対して付与された代理権についても同様に消滅しないと考えられています（於保不二雄ほか編『新版注釈民法（4）総則（4）』321・322頁（有斐閣、2015））。

　したがって、賃貸借契約の解約に関する代理権も、委任者の死亡によっては消滅しないと解釈することが可能です。

　そうすると、賃借人の相続人は、「受任者に対して賃貸借契約を解約する代理権を付与した委任者としての地位」を承継すると解釈し得る結果、受任者は賃借人の相続人から賃貸借契約の解約に関する承諾を改めて得ることは不要であると考えることができます。

　したがって、死後事務委任契約の受任者が、受任者としての地位に基づき、賃借人の相続人の承諾を得ることなく賃貸借契約の解約権を行使することも一応は可能であると思われます。

　しかし、それでも賃貸人が賃貸借契約の解約に応じてくれない場合には、事実上、最終的には賃借人の相続人の承諾を得なければなりません。

　このようなこともあり得るため、死後事務委任契約の締結時に、推定相続人から事前に賃貸借契約の解約についての承諾を得ておくことを検討すべきでしょう（通常は、賃借人の推定相続人が、賃借人が居住していた物件についての賃貸借契約を存続させておくメリットは乏しいため、承諾を得られることが多いと思われます。）。

3　敷金・保証金の処理

　賃貸借契約の解約に伴い、賃借人が差し入れていた敷金・保証金に残額が生じた場合には、賃貸人から返還がなされます（民622の2①）。このとき、受任者が敷金・保証金を受領する手続を行うことについて疑義が生じないように、死後事務委任契約の委任事務として、賃貸借契約の解約だけではなく、そこから派生する敷金・保証金の返還請求

及び受領についても明確に規定しておくことが望ましいです。

　もっとも、返還される敷金・保証金については、「被相続人の財産に属した一切の権利義務」として相続の対象となるため（民896本文）、その取扱いには注意を要します。

　敷金・保証金の返還を受けるに当たって、その返還先としては、①委任者の預貯金口座、②受任者の預貯金口座、③委任者の相続人の預貯金口座が想定されます（その他、現金で受領する方法もあり得ますが、無用なトラブルを回避するために①ないし③の方法によるのが無難です。）。

　前記①の方法については、委任者の死亡によって預貯金口座が凍結され、振込等による入金さえも受け付けてくれないことがあり得ますので、その場合には、そもそも敷金・保証金の返還先にすることができない点に留意が必要です。

　前記②の方法については、受任者の固有財産と返還された敷金・保証金とを分別管理し、財産の混同が生じないようにする必要があります（【30】参照）。

　前記③の方法については、返還された敷金・保証金は、相続財産として最終的には委任者の相続人へと引き継ぐことになるため、結局のところ、この方法によることが最も簡便であるというメリットがあります。

4　結　論

　Xは、Aの死亡後にAが賃借して居住している自宅に係る明渡しの手続を円滑に履行できない可能性があります。そのため、Xとしては、死後事務委任契約締結時にAの推定相続人との間で、賃貸借契約の解約や敷金・保証金の受領方法等について協議しておくべきでしょう。

5　ペットに関する事務

【26】　死後事務委任契約の受任者はペットの引取先を自由に決められる!?

　Xは、知人Aの依頼を受けて、Aの飼育するペットの処遇を内容とする死後事務委任契約を締結した。死後事務委任契約において、ペットの引取先を定めていない場合、Xは、当該契約の履行時において自由にペットの引取先を決めることができるか。

POINT	・委任者の生前にペットの引取先を確保しておく必要がある ・ペットの引取先が引取りを拒否した場合に備えて、受任者においても、引取先を決定し、引渡しができる旨を定めておくことが望ましい

誤認例	死後事務委任契約において、ペットの引取先を定めていない場合、受任者は、当該契約の履行時において自由にペットの引取先を決めることができる。

本当は	死後事務委任契約において、ペットの引取先が定められておらず、また、受任者に引取先を決定する権限が与えられていない場合、受任者は、当該契約の履行時において自由にペットの引取先を決めることができない。

解　　説

1　ペットの引取先確保の必要性

（1）　引取先確保の必要性

　委任者がペットを飼育している場合、委任者の死亡後、ペットが幸せに暮らしていけるかどうかは、委任者にとって大きな気掛かりの一つです。生命あるペットについては、委任者の死亡後、速やかに引き取ってもらえるよう、適切な引取先を確保しておくことが必要です。

　引取先の例としては、相続人、友人、知人、終身で預け入れ可能なペットホテル、里親探しをしてくれる動物愛護団体等があります。なお、都道府県等における引取りも可能ですが（ただし、終生飼養義務（動物の愛護及び管理に関する法律7④）の規定の趣旨に照らして引取りを求める相当の事由がないと認められる場合を除きます（動物の愛護及び管理に関する法律35①）。）、引取後に譲渡先が見つからない場合には、殺処分となることが多く、都道府県等への譲渡はできる限り回避すべききです。

（2）　ペットに関する死後事務委任契約締結時の確認事項

ア　引取先の信用性及び費用の確認

　ペットの引取先を決定するに当たっては、引取先の信用性を十分に検討し、引取りに当たって必要となる飼育料等の費用についても確認しておく必要があります。

　委任者の死亡後、引取先への引渡しまでの間、ペットを一時的に預ける必要がある場合には、その預け先となるペットホテル等についても、検討しておくことが望ましいでしょう。

イ　予防接種証明書、犬又は猫に係る登録証明書の有無及びその内容の確認

　ペットの引取りに当たっては、予防接種証明書を求められることが

多くありますので、当該証明書の有無及びその内容を確認しておく必要があります。

　また、犬猫等販売業者には、取得した犬猫に対するマイクロチップの装着及び情報登録が義務付けられており（動物の愛護及び管理に関する法律39の2①・39の5）、犬又は猫の所有者にも、所有する犬又は猫に対し、マイクロチップを装着するよう努める義務があります（動物の愛護及び管理に関する法律39の2②）。登録を受けた犬又は猫の譲渡しである場合は、当該犬又は猫に係る登録証明書とともにしなければならず（動物の愛護及び管理に関する法律39の5⑨）、登録を受けた犬又は猫を登録証明書とともに譲り受けた場合には、譲受人は、変更を登録しなければなりません（動物の愛護及び管理に関する法律39の6）。そのため、ペットが犬又は猫の場合は、登録証明書の有無及びその内容についても確認しておく必要があります。

2　ペットの権利関係等に関する処理

　ペットに経済的価値がある場合や、ペットの引取りを希望する者が複数存在するためにペットの引取りに関して紛争が生じる可能性がある場合、引取先が所有権の移転を明確にするよう希望する場合等は、ペットについて、特定財産承継遺言、遺贈、死因贈与を行うことを検討する必要があります。

　特定財産承継遺言、遺贈、死因贈与の内容と、ペットの引渡し等に係る死後事務委任契約の内容に矛盾がないか留意が必要です。

3　ペットに関する死後事務委任契約締結時の注意点

　ペットに関する死後事務委任契約を締結する場合、委任者が定めた引取先にペットを引き渡すことが、委任事務の主たる内容となります。委任者と受任者との間で、十分検討した上でペットの引取先を決定し、

死後事務委任契約においても引取先を明示しておく必要があります。もっとも、死後事務委任契約において、ペットの引取先を決定していても、引取先がペットの引取りを拒否することもあり得ますので、引取先がペットの引取りを拒否した場合には、受任者において、適宜の引取先を決定し、引渡しができる旨を定めておくとよいでしょう。受任者は、ペットの引取先を自由に決定できる権限を当然に有するわけではない点に注意が必要です。

　また、引取先に対して支払うべき飼育料等の費用の支払を委任事務とする場合には、委任者から生前に当該費用を預かっておくのが望ましいでしょう。なお、当該費用については、委任者が、遺言により、引取先へ飼育料相当額を遺贈する旨を定めておくなどの対応も考えられます。

　さらに、死後事務委任契約の内容に、引渡し後のペットの飼育状況の確認を行うことを含めることも考えられます。その場合は、確認を行う期間が長期間に及ばないよう、期間を限定しておくことが望ましいでしょう。

　委任者の死亡後からペットの引渡し時までの間にペットが死亡した場合に備えて、死後事務委任契約において、受任者に対し、そのような場合には、ペットの火葬先を選定の上、ペットの火葬を当該火葬先に依頼し、ペットを引き渡すこと、ペットの死亡に伴う諸届出を行うこと及びペットの火葬に要する費用を支払うことを委任する旨を定めておくことも考えられます。

4　結　論
　死後事務委任契約において、ペットの引取先が定められておらず、また、Xに引取先を決定する権限が与えられていない場合、Xは、当該契約の履行時において自由にペットの引取先を決定することができません。

6　預貯金等の処理に関する事務

【27】　死後事務委任契約の受任者は証券口座を解約できる!?

　Xは、Aとの間で、Aの死亡後に証券口座を解約するという内容の死後事務委任契約を締結した。Xは、Aの死亡後、証券口座を解約することができるか。

POINT	・証券口座の解約には、一般的に、相続人による手続が必要であり、死後事務委任契約の受任者が手続をすることができない

誤認例	死後事務委任契約を締結していれば、受任者は証券口座を解約することができる。

本当は	死後事務委任契約の委任事務として証券口座の解約を定めたとしても、受任者がこれを行うことはできない。

解　説

1　死後事務委任契約の受任者による証券口座の解約・移管の可否

　委任者の死亡に伴う証券口座の解約・移管は、本来、相続に関する事項として遺言によって定めるべき事項であるとされています。この

ため、遺言制度との抵触という点から、これを死後事務委任契約で定めることができるか疑義があります（【5】参照）。

　死後事務委任契約において、委任者の死亡に伴い、受任者が、委任者が銀行や証券会社に開設した証券口座を解約・移管することができる旨を定めたとしても、委任者の死亡後に当該証券口座を解約・移管するには、原則として、相続人全員による手続が必要とされており、解約・移管手続に関する書類には相続人全員の自署及び実印の押捺を求められることに加え、相続人全員の印鑑証明書等の提出を求められることが一般的です。

　また、委任者の証券口座内の投資信託を解約（換価）する場合にも、名義人である委任者の死亡によって当該証券口座は凍結されていますので、そのままでは現金化することができません。そこで、委任者名義の証券口座から相続人ないし受遺者名義の証券口座に投資信託を移管（原則として、相続人ないし受遺者が証券口座を開設する必要があります。）した上で解約（換価）する必要が生じます。

　このように、そもそも証券口座の解約・移管に関する事項を死後事務委任契約で定めることができるかという問題もありますし、死後事務委任契約の委任事務に証券口座の解約・移管を定めていたとしても、当該契約の受任者としての地位では、当該証券口座の解約・移管手続（当該証券口座内の投資信託の解約（換価）手続を含みます。）には、通常は応じてもらえないため、受任者は委任事務を履行できない可能性が極めて高いです。

　したがって、証券口座の解約・移管を死後事務委任契約の内容とすべきではありません。

　なお、金融機関における普通預貯金や定期預貯金等の口座を解約する場合も同様に、相続人全員による解約手続が必要とされていますので、死後事務委任契約の受任者としての地位では、解約手続をするこ

とができない可能性が高いです。

　このように、死後事務委任契約の受任者としての地位によっては実現することができない内容の委任事務を死後事務委任契約の内容にすることのないよう注意する必要があります。

2　遺言執行者による証券口座の解約・移管の可否

　死後事務委任契約の受任者としての地位では、銀行や証券会社は証券口座の解約・移管手続に応じてはくれませんが、遺言執行者であれば、一般的に銀行や証券会社に開設された証券口座の解約・移管手続が可能です。したがって、委任者が証券口座内の投資信託を特定の誰かに相続ないし遺贈させることを希望している場合には、遺言によって投資信託を相続ないし遺贈する者を定め、証券口座の解約・移管に関する権限を遺言執行者に付与するとともに当該遺言執行者に死後事務委任契約の受任者を指定することで、受任者が遺言執行者として当該証券口座の解約・移管手続を行うことが可能です。

3　結　論

　Xは、証券口座の解約を委任事務とする死後事務委任契約を締結したとしても、それを履行することは事実上困難であることから、そのような内容の死後事務委任契約を締結することは避けるべきです。

　Aが、Aの死亡後に証券口座内の投資信託を相続ないし遺贈することを希望する場合には、遺言により投資信託を相続ないし遺贈する者を定め、証券口座の解約・移管に関する権限を遺言執行者に付与するとともに当該遺言執行者にXを指定することで、Xが遺言執行者として当該証券口座の解約・移管手続を行うことができます。

7　報酬・諸費用の支払に関する事務

【28】　死後事務委任契約において受任者は報酬を請求できる!?

　Xは、知人Aの依頼を受けてAの死後事務を受任する内容の死後
事務委任契約を締結した。Xは、弁護士や司法書士等の資格を有
していないが、死後事務を遂行するに際して報酬を請求できるか。

POINT	・死後事務委任契約に基づいて受任者が報酬を請求する 　ためには、契約で定めておく必要がある

誤認例	弁護士や司法書士等の資格を有していない死後事務委任 契約における受任者は、報酬をもらうことはできない。

本当は	弁護士や司法書士等の資格を有していない死後事務委任 契約における受任者であっても、報酬をもらうことがで きる。

解　説

1　死後事務委任契約における受任者の報酬

（1）　報酬の有無、段階的な報酬の請求

　死後事務委任契約も委任契約であるところ、委任契約における受任
者は、原則として無報酬とされており、契約に定めがなければ、報酬

を請求することはできませんが（民648①）、契約で報酬を定めておけば、受任者が弁護士や司法書士等の専門家であるか否かにかかわらず、受任者は報酬を請求することができます。

　また、死後事務委任契約における受任者の報酬は、契約で期間について定められていない場合には、死後事務の履行が完了して初めて請求することができますので（民648②）、段階的に報酬を請求するためには、契約においてその旨を定めておく必要があります。

　なお、受任者が死後事務委任契約を義務の履行が不能であることを原因として解除した場合、受任者は、委任者に対し、既にした履行の割合に応じて報酬を請求することができます（【34】参照）。

（2）　死後事務委任契約における受任者の報酬の定め方

　死後事務委任契約における受任者の報酬の有無及びその額については、明確な基準が存在するわけではありません。そのため、委任者と受任者との間で協議の上、死後事務の内容、死後事務における複雑又は特殊な事情の有無等個別の事情を総合的に考慮して報酬の有無及びその額を定めることになります。

　また、死後事務委任契約における受任者の報酬を定める際には、遺言書の作成及び遺言の執行に係る報酬の考え方が参考になります。ただし、遺言の執行においては、遺言に遺言執行者の報酬の定めがない場合、遺言執行者が家庭裁判所に対して報酬付与の審判の申立てを行い、家庭裁判所において遺言執行者の報酬を定める制度がありますが（民1018①本文）、死後事務委任契約には、そのような制度がありませんので、前記のとおり、報酬の定めがない場合には、受任者は報酬を請求することができない点に留意する必要があります。

（3）　報酬の種類

　遺言書の作成及び遺言の執行の場合、①遺言書の作成に係る報酬と②遺言の執行に係る報酬とに分けて、報酬を定めることが一般的です。

　これと同様に、死後事務委任契約における受任者の報酬を定める場合にあっても、①死後事務委任契約書の作成に係る報酬と②死後事務の遂行に係る報酬とに分けて定めることが一般的となっています。

　なお、弁護士や司法書士等の専門家ではない受任者が、これらの専門家に死後事務委任契約書の作成を依頼する場合には、死後事務委任契約書の作成に係る報酬は、これらの専門家に対して支払うこととなります。

　（4）　報酬の形式

　報酬の形式については、①着手金及び報酬金として支払う方法、②手数料として支払う方法（支払時期については着手時一括払、終了時一括払、分割払等があります。）、③作業時間に応じて報酬を発生させるタイムチャージによる方法等があります。

　（5）　弁護士法違反との関係

　弁護士法は、弁護士（弁護士法人を含みます。）でない者が、報酬を得る目的で法律事務を取り扱うことを業とすることを禁止しています（弁護士法72）。そのため、弁護士でない者が、業として、法律事務を対象とする死後事務委任契約を締結し、報酬を受け取ることはできません。なお、弁護士法違反となるのは、業とする場合、すなわち反復継続性を有する場合ですので、委任者の親族や知人が、受任者として法律事務を対象とする死後事務委任契約を締結し、その報酬を受領しても、原則として弁護士法には違反しません。

2　死後事務委任契約書の作成に係る報酬

　契約書の作成に係る報酬については、委任者が得られる経済的利益の額を基準に、契約書が定型か非定型か、公正証書によるか否か等の諸事情を勘案して定めることが多いですが、タイムチャージによって報酬を定めることもあります。

死後事務委任契約書の作成に係る報酬についても同様です。

　なお、タイムチャージによる場合は、時間単価を明確にしておくことは当然必要ですが、それ以外にも、受任者から委任者に対して作業時間の目安の事前告知及び報酬の上限額の設定等をすることで、委任者との紛争を未然に防止することができます。

3　死後事務の遂行に係る報酬

　遺言の執行に係る報酬については、経済的利益の額（遺産額）を基準に、特に複雑又は特殊な事情の有無、遺言の執行に際しての裁判手続の要否等個別の事情を総合的に考慮して報酬を決定することが一般的です。

　死後事務の遂行に係る報酬についても、遺言の執行に係る報酬の定め方を参考にすることが考えられますが、タイムチャージによる報酬を定めることが可能であることは、死後事務委任契約書の作成の場合と同様です。

　実務上は、後記のように、死後事務の内容ごとに報酬を定める方法も多く採用されています。

　（例）葬儀に関する報酬・・・金○万円

　　　　火葬に関する報酬・・・金○万円

　　　　行政官庁等の諸手続に関する報酬・・・金○万円

　　　　医療費・施設利用料等の精算に関する報酬・・・金○万円

　　　　遺品の整理に関する報酬・・・金○万円

　　　　不在者財産管理人選任の申立てに関する報酬・・・金○万円

　　　　相続財産清算人選任の申立てに関する報酬・・・金○万円

　なお、死後事務委任契約の締結の際に、委任者が受任者に対して死後事務に要する費用を預ける場合は、死後事務に要した費用を精算した後、当該預り金の残金を報酬に充当する旨を定めておくことで、受

任者は、当該預り金の残金の処理に困らずに済みます（【31】参照）。

4　結　論

　Xは、Aの依頼を受けて死後事務委任契約における受任者になった場合には、死後事務の遂行に係る報酬が発生する旨及びその額についてきちんと契約の内容にしておくことで、死後事務の履行完了後、又は段階的に報酬を請求することができます。

【29】　死後事務委任契約の受任者は自らの報酬を委任者の預り金から支出できる!?

　Xは、知人Aの依頼を受けてAの死後事務を履行する内容の死後事務委任契約を締結した。Xは、Aの死亡後、自らの報酬をAの預り金から支出することができるか。

POINT	・受任者には委任者の財産を処分する権限はない
	・死後事務委任契約に定めておけば、受任者は委任者からあらかじめ報酬相当額を預かった上で当該預り金から自らの報酬を支出することが可能である

誤認例	死後事務委任契約の受任者であるXは、Aの死亡後、自らの報酬をAの預り金から当然に支出することができる。

本当は	死後事務委任契約の受任者であるXは、Aの死亡後、自らの報酬をAの預り金から当然に支出することができない。Xは、Aから報酬相当額を預かり、当該預り金から報酬を支出するためには死後事務委任契約においてその旨を定めておく必要がある。

解　説

1　死後事務委任契約における報酬の請求時期と請求先

　死後事務委任契約も委任契約であるところ、委任契約における受任

者は、原則として無報酬とされており、契約に定めがある場合のみ、報酬を請求することができます（民648①）。また、死後事務委任契約における受任者の報酬は、請求する時期が契約に定められていない場合、委任事務の履行が完了して初めて請求することができます（民648②）（【28】参照）。

　そのため、受任者は、委任事務の履行完了後、委任者の地位を承継した相続人又は相続財産清算人、遺言執行者（遺言で遺言者の債務の弁済後の残金を相続させる（遺贈する）場合、いわゆる清算型遺贈の場合）に対して報酬を請求することになります。受任者は、委任者の財産を処分する権限を有していないため、委任者の財産から報酬を当然に支出することはできません。

2　預り金による報酬処理の有用性

　死後事務委任契約においては、受任者は委任者から死後事務に要する費用を預かることができ、その場合は、預り金から当該費用を支出することができます（【30】参照）。

　死後事務に要する費用と同様に、死後事務委任契約における受任者の報酬相当額を預かることも可能です。その場合、死後事務委任契約において、報酬を預り金から支出することができる旨を定めておくことで、受任者は預り金から自らの報酬を受領することができます。

　委任者の地位を承継した相続人又は相続財産清算人、遺言執行者（前記のいわゆる清算型遺贈の場合）に対して報酬を請求した場合、これらの者から報酬の支払を拒否される可能性や、支払までに時間を要する可能性がありますので、預り金による報酬処理は有用な手段といえます。

　他方で、委任者が受任者に対して報酬相当額を預り金として預託する場合、受任者が預り金を使い込んでしまうリスクや、受任者に破産

手続が開始された場合に預り金が受任者の財産（破産財団）に取り込まれてしまい預り金が返金されないリスクがあるなどの問題もあるため（【30】参照）、委任者が受任者に対して生前に報酬相当額を預り金として預託することに難色を示す可能性もあります。

　そのため、委任者と受任者との間で、報酬相当額の預託の要否を十分に協議するとともに、受任者においては、報酬相当額の預託を受けた場合、預り金の分別管理には最大限の注意を払う必要があります。

3　結　論

　Xは、Aの財産を処分する権限がないため、自らの報酬をAの預り金から当然に支出することができません。Xは、Aから報酬相当額を預かり、当該預り金から報酬を支出することは可能ですが、死後事務委任契約においてその旨を定めておく必要があります。

【30】　死後事務に要する費用は受任者が立て替える必要がある!?

　Xは、知人Aの依頼を受けてAの死後事務を受任する内容の死後事務委任契約を締結した。Xは、委任事務を履行する際に死後事務に要する費用を立て替える必要があるか。

| POINT | ・受任者には死後事務に要する費用を立て替える義務はない |

| 誤認例 | 死後事務の受任者は、委任者から死後事務に要する費用を預かることはできず、委任事務を履行する際に当該費用を立て替えなければならない。 |

| 本当は | 死後事務の受任者は、委任者から死後事務に要する費用を預かることができ、その場合は、預り金から当該費用を支出することができる。 |

解　　説

1　死後事務に要する費用の具体例と請求根拠

（1）死後事務に要する費用の具体例

　死後事務を遂行するためには様々な費用が必要です。例えば、死後事務として、医療費、入院費や施設利用料等の支払の委任を受けた場合には、医療費、入院費や施設利用料等を支払わなければなりません

し、葬儀の実施に関する死後事務の委任を受けた場合には、葬儀費用を支払わなければなりません。また、受任者が死後事務を遂行するためには交通費等の諸経費を要しますし、各種債務の支払の際には、振込手数料も必要となります。

（2）　死後事務に要する費用の請求根拠

死後事務に要する費用は委任者が負担すべきものであり、通常の委任契約と同様に、受任者は、委任者に対し、費用の前払を請求することが可能です（民649）。また、受任者において、費用を立て替える義務はありませんが、受任者が費用を立て替えた場合には、受任者はその費用を請求することができます（民650①）。

このように、死後事務に要する費用は、委任者から前払を受け、受任者において預かり、保管しておくことも、受任者において立て替えて支払った上で、事後に精算することも可能です。

もっとも、死後事務に要する費用を確保できる見通しがなければ、死後事務を遂行すること自体が困難となりますので、死後事務委任契約においては、死後事務に要する費用をどのように確保するかが極めて重要となります。

2　死後事務に要する費用を立て替える場合のリスク

死後事務委任契約の場合、死後事務の遂行は、委任者の死亡後に行われますので、受任者が費用を立て替えた場合、受任者は、委任者の相続人に対して当該立替費用を請求することとなります。他方、委任者に相続人がいない場合には、受任者は、相続財産清算人に対して立替費用を請求することとなります。

いずれの場合においても、立替費用を回収するまでには時間を要する可能性がある点に注意が必要です。特に、相続財産清算人に対して請求する場合、特別縁故者等の利害関係人から相続財産清算人選任の

申立てがされないケースでは、受任者自らが、家庭裁判所に対して相続財産清算人選任の申立てをする必要がある点には留意が必要です（【36】参照）。

　また、相続人又は相続財産清算人から回収することを期待して、受任者において死後事務に要する費用を立て替えたものの、事後的に委任者が当該立替費用を賄うに足りるだけの相続財産を有していなかったことが発覚した場合、受任者は当該立替費用を回収できないリスクもあります。

　そのため、死後事務に要する費用は、受任者において立て替えて事後的に精算するのではなく、委任者から預かっておくことが望ましいでしょう。

3　死後事務に要する費用を生前に預かる場合の注意点

（1）　預り金の額の決定

　受任者の立場からすれば、死後事務に要する費用は余裕をもって預かっておきたいところです。委任者からの預り金では、死後事務に要する費用が不足する場合、相続人又は相続財産清算人に対して不足額を請求する必要が生じ、受任者において死後事務に要する費用を立て替えた場合と同様のリスクが生じる点については【31】を参照してください。

　他方で、委任者の立場からすれば、受任者が預り金を使い込んでしまうリスクや、受任者に破産手続が開始された場合に預り金が受任者の財産（破産財団）に取り込まれてしまって預り金が返金されないリスクがあります。

　そこで、預り金の額を決定するに当たっては、見積りが可能な委任事務についてはあらかじめ個別に見積りを取得し、できる限り死後事務に要する費用を明確にしておくことが必要です。

　しかし、医療費、入院費等のように死亡時でなければ明確にならない費用や、死後事務委任契約締結時から死亡時までの物価変動により、見積金額と実際の死後事務に要する費用との間に齟齬が生じることもあり得ます。

　そこで、見積り等を参考にしつつ、委任者と受任者との間で協議し、双方が納得できる預り金の額を決定することが必要です。

（2）　預り金の分別管理の必要性

　受任者が委任者から死後事務に要する費用を預かった場合、自らの固有財産と預り金とを明確に分別して管理しておく必要があります。具体的には、委任者からの預り金のみを入金する受任者名義の預貯金口座を用意し、当該預貯金口座に預り金を入金しておくのがよいでしょう。また、受任者が弁護士や司法書士等の専門家の場合には、死後事務委任契約に基づく預り金口座であることが分かる預貯金名義（「A死後事務委任契約預り金口弁護士X」、「A死後事務受任者弁護士X預り金口」等）で預貯金口座を開設し、預り金を管理すべきです。

　このように、分別管理を徹底することで、受任者に破産手続が開始された場合に、預り金が受任者の財産（破産財団）に取り込まれてしまうリスクを回避できる可能性が高まります。

4　その他の方法

（1）　信託を利用する方法

　死後事務に要する費用を確保する方法として、信託銀行や信託会社に死後事務に要する費用を信託しておく方法が考えられます。

　信託を利用する場合、預り金は信託銀行や信託会社の債権者による強制執行の対象から除外され（信託23①）、万一、信託銀行や信託会社に破産手続が開始された場合であっても、預り金が信託銀行や信託会社の財産（破産財団）に取り込まれることもありません（信託25①）。

しかし、信託を利用する場合には、信託銀行や信託会社に対する信託報酬等が毎年発生することになりますので、委任者に経済的負担が生じる点には留意が必要です。

（2）　死後事務委任契約の受任者と遺言執行者とを兼任する方法

委任者が遺言書を作成しており、遺言書において、死後事務に要する費用を相続財産から支払う旨が明記され、遺言執行者として、死後事務委任契約の受任者が指定されている場合、受任者は、遺言執行者として、死後事務に要する費用を自らに対して支払うことができます。

遺言の効力に争いがなく、委任者に死後事務に要する費用を賄う相続財産がある場合には、死後事務委任契約の受任者と遺言執行者とを兼任することは、死後事務に要する費用を確保する有益な方法の一つといえます。

ただし、遺言のみが事後的に変更されることもあり得ますので、死後事務委任契約を締結する際には、死後事務委任契約の効力を、当該遺言が有効であることを条件として発生させるなどの工夫をすることが考えられます。

5　結　論

Xは、Aから死後事務に要する費用を預かることができ、その場合は、Aの預り金から当該費用を支出することができます。ただし、Xは、Aと協議をして適切な預り金の額を決定するとともに、預り金の分別管理には最大限の注意を払う必要があります。

《参考となる判例等》

○債務整理事務の委任を受けた弁護士が委任事務処理の委任者から受領した金銭を受け入れるために弁護士の個人名義で開設した普通預金口座に係る預金債権は弁護士に帰属するとした事例（最判平15・6・12民集57・6・563）

【補足意見】

　当該判決において、深澤武久裁判官と島田仁郎裁判官は補足意見として、弁護士は、交付を受けた金銭等を自己の固有財産と明確に区別して管理し、専ら委任事務処理のために使用しなければならないのであって、それを明確にしておくために、金銭を預金して管理する場合における預金名義も、そのことを示すのに適したものとすべき旨を述べています。また、両裁判官は、補足意見として、会社の資産の全部又は一部を債務整理事務の処理に充てるために弁護士に移転し、弁護士の責任と判断においてその管理、処分をすることを依頼するような場合には、財産権の移転及び管理、処分の委託という面において、信託法の規定する信託契約と解する余地もあると思われるし、場合によっては、委任と信託の混合契約が締結されたと解する余地もあるとし、その場合には、交付を受けた金銭等について、弁護士の固有財産からの独立性が認められる旨を指摘しています。

【31】　死後事務委任契約を締結する際に預託された預り金に余剰又は不足が生じた場合はどうすればよい!?

　委任者Aが死亡し、受任者Xは死後事務委任契約に基づいて委任事務を遂行したが、その際に、XがAから預託された預り金に余剰又は不足が生じた場合はどうすべきか。

POINT	・預り金に余剰が生じた場合は、当該余剰分は相続人や家庭裁判所が選任した相続財産清算人、委任者が遺言で定めた遺言執行者に返還しなければならない。その一方で、預り金に不足が生じた場合は、これらの者に対して当該不足分を請求することができる

誤認例	当事者の一方である委任者が死亡しているため、預り金に余剰が生じても、当該余剰分を返還する必要はない。また、預り金に不足が生じても、当該不足分を追加で請求することもできないため、当該不足分については受任者が負担すべきである。

本当は	預り金に余剰が生じた場合、相続人又は相続財産清算人、遺言執行者に対して返還する必要がある。預り金に不足が生じた場合、当該不足分を相続人又は相続財産清算人、遺言執行者に対して請求することができる。

解　説

1　預り金に余剰が生じた場合の対応

　死後事務委任契約における委任事務を遂行するための資金として、当該契約を締結する際に、委任者から預り金の預託を受けることは有用です（【30】参照）。

　では、委任事務の遂行の過程において、預り金に余剰又は不足が生じた場合はどうすればよいのでしょうか。

（1）　預り金に余剰が生じた場合の当該余剰分の返還先（相続人がいる場合）

　預り金は、死後事務委任契約における委任事務を遂行するための資金として委任者が受任者に預託した金員であるため、その金員に余剰が生じた場合には、民法646条に基づき、受任者は委任者にこれを返還する必要があります。

　そして、当該余剰分の返還先となるべき委任者は既に死亡していますので、委任者の死亡後は、被相続人の財産に属した一切の権利義務を承継し、死後事務委任契約における委任者の地位を承継した相続人が当該余剰分の返還先となります。このため、受任者は、当該余剰分を委任者の相続人に返還する義務があります。

　万が一、受任者がこの返還義務を怠ると、当該余剰分は不当利得となってしまい、予期せぬうちに委任者の相続人からこれを請求されてしまう事態にもなりかねません。

　委任者に相続人がいる場合は、当該余剰分を速やかに委任者の相続人に返還しましょう。

　なお、委任者の相続人が存在することが分かっているものの、その住所や居所が不明の場合は、弁済供託をしたり（民494①二）、家庭裁判所に対して不在者財産管理人の選任を申し立て（民25①）、家庭裁判所

が選任した管理人に当該余剰分を返還したりすることが考えられます。

（2）　預り金に余剰が生じた場合の当該余剰分の返還先（相続人が不存在の場合）

相続人が不存在の場合には、下記の返還の方法があると考えます。

①　家庭裁判所に対して相続財産清算人の選任を申し立て、家庭裁判所が選任した相続財産清算人に当該余剰分を支払う。

②　当該余剰分を民法494条に基づき相続財産法人に供託する。

③　当該余剰分を死亡した委任者の預貯金口座へ全額入金し、当該預貯金口座を凍結する。

　もともと相続人がいなかったり、相続人全員が相続の放棄をしたりするなど相続人が不存在の場合は、相続財産法人が成立することになりますが（民951）、法律上、相続財産法人が成立していたとしても、当該法人に管理者がいるとは限りません。このような場合、通常は、預り金の残額である当該余剰分を保有している受任者が、利害関係人として、相続財産清算人の選任を申し立てるのが本来の方法（①の方法）です（【36】参照）。

　しかし、①の方法では、家庭裁判所へ予納金を支払う必要があるなど、相当程度の費用を要することになるため、委任者の資産の程度によっては相続財産清算人を選任できない場合があります。

　そこで、このような場合には、相続財産法人が成立したが管理人が選任されておらず、相続財産法人が当該余剰分を受領することができない状態であることを根拠に供託すること（民494①二）が可能です（②の方法）。

　また、当該余剰分が少額であり、生前の委任者の預貯金口座を受任者が知っており、委任者の死亡により預貯金口座が凍結されていないなどの事情がある場合には、最終手段として、死亡した委任者の預貯

金口座へ全額入金した後に当該預貯金口座を凍結する方法（③の方法）が考えられます。

　このように、本来的な手続としての①の方法（相続財産清算人を選任する方法）から、②の方法（供託する方法）及び③の方法（委任者の預貯金口座へ入金し当該預貯金口座を凍結する方法）という順に検討し、適切な手続を選択する必要があります。

2　預り金に余剰が生じないようにする方法

（1）　死後事務委任契約において預り金に余剰が生じた場合の当該余剰分を受任者の報酬とする旨の定めを置く方法

　委任者の死亡後に預り金に余剰が生じないようにするための簡便な方法として、生前の委任者と死後事務委任契約を締結する段階で、あらかじめ預り金に余剰が生じた場合を見越して、例えば、預り金に余剰が生じた場合の当該余剰分を全て受任者の報酬の一部とみなす旨の定めを置く方法があります。この方法によれば、当該余剰分は全て受任者の報酬にすることができ、受任者にとっては非常に簡便であるといえます。

（2）　委任者が遺言において預り金に余剰が生じた場合の当該余剰分の処理を定めておく方法

　委任者の生前に委任者に遺言書を作成してもらう方法も有効です。具体的には、委任者が遺言において、預り金に余剰が生じた場合の当該余剰分の返還先を相続人や受遺者とするとともに、遺言執行者を定めておきます。そうしておけば、遺言執行者に当該余剰分の処理を任せることができます。遺言執行者は、遺言の内容を実現するため、相続財産の管理その他遺言の執行に必要な一切の行為をする権利義務を有しますから（民1012①）、当該余剰分は遺言執行者に返還すればよいことになります。

　なお、死後事務委任契約の受任者が遺言執行者に指定されている場合には、預り金に余剰が生じた場合の当該余剰分だけでなく、不足が生じた場合の当該不足分の処理にも備えることが可能です（後記4参照）。

3　預り金に不足が生じた場合の対応

　死後事務委任契約における委任事務の遂行において、預り金に不足が生じた場合はどうすればよいでしょうか。

　（1）　預り金に不足が生じた場合の当該不足分の請求先（相続人がいる場合）

　民法上、委任契約においては、受任者は、委任者に対し、委任事務を処理するために必要な費用の前払を請求することができます（民649）。

　そして、その請求先は、被相続人の財産に属した一切の権利義務を承継し、死後事務委任契約における委任者の地位を承継した相続人となり、委任者の相続人は、受任者に対し、追加で必要となった費用（追加費用）の前払をする義務があります。

　円滑に追加費用の支払を受けるために、受任者においては、委任事務の遂行における収支を報告するとともに、今後必要となる委任事務に要する費用の見積書等を委任者の相続人に開示した上で説明をしておくとよいでしょう。

　（2）　預り金に不足が生じた場合の当該不足分の請求先（相続人が不存在の場合）

　相続人が不存在の場合には、家庭裁判所に対して相続財産清算人の選任を申し立てます。その上で、家庭裁判所が選任した相続財産清算人に対し、預り金に不足が生じた場合の当該不足分を請求することになります。

（3）　預り金に不足が生じた場合の当該不足分が未払であったこと
　　を理由とする死後事務委任契約の解除

　預り金に不足が生じた場合には、相続人又は相続財産清算人に対し
て追加費用を請求することになります。

　しかし、万が一、受任者が当該不足分を支払ってもらえない場合は、
委任事務の履行は不可能となりますから、受任者は履行不能を理由と
して死後事務委任契約を解除することができます（【34】参照）。

　ただし、ここで注意しなければならないのは、相続人が複数いる場
合には、追加費用の請求を相続人全員に対して行った上で（相対効）
（民441）、追加費用が支払われないことを理由とする解除を相続人全
員に対して行う必要があります（解除の不可分性）（民544①）。

　このように、相続人が複数いる場合には、相続人同士の関係性や意
見の相違等、相続人が1人の場合と比べて、トラブルが起こりやすい
ため、追加費用が支払われず、委任事務の遂行を中断せざるを得ない
ことがあり得ます。また、最悪の場合、追加費用が支払われないこと
を理由として死後事務委任契約の解除を行わざるを得ないことも想定
しておく必要があります。

4　預り金に不足が生じないようにする方法

（1）　信託を利用する方法

　委任者の死亡後における追加費用の請求を簡便にするために、信託
銀行や信託会社を利用して委任事務に要する費用の保全をしてもらう
方法が考えられます。これは信託銀行や信託会社を利用するため、信
託報酬等のコストはかかりますが、相当程度高額な費用の捻出が想定
されるような事案では、受任者による使い込みの防止や受任者への費
用の支払を円滑に実施し、死後事務の遂行をサポートする意味で利点
があります。

（2）　死後事務委任契約の受任者と遺言執行者とを兼任する方法

委任者が遺言書を作成しており、遺言書において、委任事務に要する費用を相続財産から支払う旨が明記され、遺言執行者として、死後事務委任契約の受任者が指定されている場合、受任者は、遺言執行者として、委任事務に要する費用を自らに対して支払うことができます。

遺言の効力に争いがなく、委任者に委任事務に要する費用を賄う相続財産がある場合には、死後事務委任契約の受任者と遺言執行者とを兼任することは、委任事務に要する費用を確保する有益な方法の一つといえます。

ただし、遺言のみが事後的に変更されることもあり得ますので、死後事務委任契約を締結する際には、死後事務委任契約の効力を、当該遺言が有効であることを条件として発生させるなどの工夫をすることが考えられます。

5　結　論

Xは、預り金に余剰が生じた場合、相続人又は相続財産清算人に対して返還する必要があります。一方で、預り金に不足が生じた場合には、Xは、相続人又は相続財産清算人に対して請求することが考えられます。

ただし、当該余剰分の返還や当該不足分の請求の手続を簡便に行うためには、死後事務委任契約に加えて、遺言書の作成並びに死後事務委任契約の受任者及び遺言執行者を兼任する方法が非常に有用であるため、死後事務委任契約を締結する際には、同時に、遺言書の作成及び遺言執行者の指定も検討すべきです。

第 3 章

● ●

死後事務委任契約
終了時の落とし穴

156

【32】　死後事務委任契約の受任者が死亡したとしても当該契約は終了しない!?

　弁護士Xは、Aとの間で死後事務委任契約を締結し、Aの死後事務の受任者となったが、Aの死亡に先立ってXが死亡した。

　XがAとの間で締結した死後事務委任契約は終了するか。

POINT	・①委任者又は受任者が死亡した場合、②委任者又は受任者が破産手続開始の決定を受けた場合、③受任者が後見開始の審判を受けた場合には委任契約は終了するが、これらの事由が発生したときでも委任契約は終了しない旨の合意をした場合にはこの限りでない

誤認例	死後事務委任契約の受任者の地位が相続の対象となるため当該契約は終了せず、受任者の相続人との間で契約が存続する。

本当は	死後事務委任契約は、委任者と受任者との間の信頼関係を前提にするものであることから、原則として、受任者の死亡によって終了する。

解　説

1　委任契約の終了事由

　委任契約が、委任者と受任者との間の個人的な信頼関係を重視する

契約であることから、委任契約固有の終了事由として、民法653条に、
①委任者又は受任者の死亡（民653一）、②委任者又は受任者が破産手続
開始の決定を受けたこと（民653二）、③受任者が後見開始の審判を受け
たこと（民653三）が定められています。

2　委任者又は受任者の死亡

　委任者の死亡によっても委任契約を終了させない旨の合意が認めら
れる場合、委任契約は終了しないとされています（【2】参照）。

　このような考え方は受任者が死亡した場合にも妥当するものと考え
られますので、受任者が死亡したとしても委任契約を終了させない旨
の合意が認められる場合、委任契約は終了しません。

　しかし、一般論として、委任者は受任者の選定に当たり、現実に委
任事務を処理する能力や信頼関係を重視しています。このため、委任
契約において、受任者が死亡したときには受任者の相続人のうち、特
定の相続人が委任事務を遂行すると定められている場合等、委任事務
の取扱いが明確に定められている場合を除いては、受任者の死亡によ
って委任契約は終了することがほとんどであると考えられます。

3　委任者又は受任者が破産手続開始の決定を受けたこと

　委任契約の委任者又は受任者が破産したときは、相互に信頼関係を
喪失し、義務の履行が困難になるケースも考えられるため、委任者又
は受任者が破産した場合には、原則として委任契約は終了する旨が定
められています。

　もっとも、破産者であっても他人の事務を処理することは不可能で
はないため、受任者の破産によっても委任契約を終了させない旨の合
意は有効と考えられています。ただし、受任者が弁護士である場合に
は、破産手続開始の決定を受けて復権を得ない間は弁護士としての資

格を有しない（弁護士法7四）とされていますので、この間に弁護士としての資格で委任事務を履行することはできません。

　一方で、委任者が破産した場合には、その財産の管理処分権が裁判所の選任した破産管財人に専属することになるため（破産法78①）、委任事務の内容が委任者の財産に全く関係のない場合を除いては、委任者の破産によっても委任契約を終了させない旨の合意は無効であると考えられています。

4　受任者が後見開始の審判を受けたこと

　受任者が後見開始の審判を受けた場合にも、委任事務の履行は困難になるケースが想定されるため、受任者が後見開始の審判を受けたことが委任契約の終了事由として定められています。

　もっとも、受任者において後見開始の審判を受けたとしても委任契約を終了させない旨の合意は有効と解されていますので、このような合意がある場合には委任契約は終了しません。

　なお、このような合意があったとしても、成年被後見人が委任事務を履行することは容易でない場合も想定され、実際には成年後見人が受任者たる成年被後見人に代わって委任事務を履行することになると思われます。

5　その他の終了事由

　これらの終了事由のほか、当事者間において委任契約の終了事由を定めることも可能です。

6　結　論

　Xは死亡しているため、受任者の死亡によっても死後事務委任契約を終了させない旨の合意がなければ、民法653条1号に基づき、Aとの間で締結した当該契約は終了します。

【33】　死後事務委任契約は、いつでも解除できる!?

　弁護士Xは、Aとの間で死後事務委任契約を締結していた。Aの死亡後、委任事務の履行前に、Aの相続人から、死後事務委任契約の内容に納得がいかないとして契約解除の通知が送られてきた。Xは、どのように対応すべきか。

　また、死後事務委任契約をA自身が生前に解除することはできるか。

POINT	・委任者は、原則として、いつでも死後事務委任契約を解除できるが、委任者の相続人からの解除は制限される場合が多い

誤認例	死後事務委任契約は、委任契約である以上、委任者、委任者の相続人、受任者いずれの立場からであっても、いつでも解除が可能である。

本当は	死後事務委任契約の明示又は黙示の解除制限特約により、委任者の相続人からは契約を解除することができない場合が多い。

解　　説

1　委任者からの解除の可否

　委任は、各当事者がいつでもその解除をすることができます（民651

①）。このため、委任者自身が、生前、死後事務委任契約を解除することは可能です（民651①）。ただし、契約上、明確に解除が制限されている場合は、この定めに従います。

2　委任者の相続人からの解除の可否

　相続人は、相続開始の時から、被相続人の財産に属した一切の権利義務を承継します（民896）。

　そうだとすると、相続人は、承継した委任者の地位に基づき、いつでも委任を解除することができるとも思われます。

　しかし、死後事務委任契約は、委任者の死亡後に役務を提供することを契約の内容とするものですので、委任者の相続人が自由に契約を解除できるとすれば、死後事務委任契約の実益がなくなり、委任者の意思に反することにもなります。また、予期せぬ解除により受任者の利益を害することにもなりかねません。

　そこで、死後事務委任契約を締結する際に、委任者の相続人からの解除を一定の事由が生じた場合に制限する旨の条項を設けることが一般的です。この場合は、委任者の相続人は自由に契約を解除することはできません。

　また、仮に、委任者の相続人からの解除を制限する旨の条項を明示的に定めなかったとしても、死後事務委任契約の中に、黙示の解除制限特約が包含されていると解されることもあります。例えば、東京高裁平成21年12月21日判決（判時2073・32）は、「委任者の死亡後における事務処理を依頼する旨の委任契約においては、委任者は、自己の死亡後に契約に従って事務が履行されることを想定して契約を締結しているのであるから、その契約内容が不明確又は実現困難であったり、委任者の地位を承継した者にとって履行負担が加重であるなど契約を履行させることが不合理と認められる特段の事情のない限り、委任者の

地位の承継者が委任契約を解除して終了させることを許さない合意を
も包含する趣旨と解することが相当である」と説示し、黙示の解除制
限合意の存在を肯定しています。

　このように、委任者の相続人からの解除を明確に制限する条項がな
かったとしても、契約の履行が不合理と認められる例外的な事情のな
い限り、委任者の相続人からの解除は制限されていると考えられます。

3　受任者からの解除の可否

　受任者は、委任者の相続の発生前後を問わず、いつでも辞任、すな
わち委任の解除が可能です（民651①）。ただし、委任者に不利な時期に
委任を解除したときは、やむを得ない事由がない限り、委任者に対し
て損害賠償義務を負うことになりますので注意が必要です（民651②
一）。

4　結　論

　死後事務委任契約に解除を制限する旨の条項が明示的に存在する場
合、Xは、Aの相続人に対し、当該契約を解除することはできないこと
を説明して委任事務の履行に理解を求めるべきでしょう。

　また、解除を制限する旨の条項が明示的に存在しない場合であって
も、Aの意思、予定されている委任事務の内容、Aの相続人の負担等を
考慮して、委任事務の履行が不合理と認められる例外的な事情がある
かどうかを検討します。そして、基本的には、Aの相続人からの解除
は制限されていることを前提に委任事務の履行に理解を求めるべきで
しょう。ただ、現実的な問題として、Aの相続人からの解除通知を受
領した後にXが委任事務を履行することはトラブルを引き起こすこと
にもなりかねませんので、Xに債務不履行責任が生じることのないよ
うに配慮しつつ、契約の解除に応じることや解除の時期に注意してX

から契約を解除することを検討すべきでしょう。

　なお、A自身からの解除に対しては、Aの意思に反する死後事務を履行する必要はないので、Xに損害が生じた場合は別論、契約の解除を有効なものとして取り扱えば足りると考えられます。

【34】　履行不能な委任事務が含まれていた場合には、契約を解除できる!?

　弁護士Xは、Aとの間で、Aの死亡後、XがAの預貯金の払戻しを行う旨の死後事務委任契約を締結した。Aが死亡したため、Xは、金融機関に対し、死後事務委任契約書等を提示した上で、Aの預貯金の払戻しを求めたが、金融機関はこれを頑なに拒絶した。Xは、死後事務委任契約を解除することができるか。

<table>
<tr><td>POINT</td><td>・履行不能といえるか否かは、契約その他の債務の発生原因及び取引上の社会通念に照らして、義務の履行が可能か否かによって判断される
・委任事務の履行が不能であることが判明した場合には、速やかに、相続人等に対する引継ぎを行う
・受任者は、既に行った委任事務の履行の割合に応じて報酬の請求が可能である</td></tr>
</table>

<table>
<tr><td>誤認例</td><td>死後事務委任契約に基づいて受任者に預貯金の払戻権限が付与されている以上、客観的には義務の履行は可能であるため当該契約の解除は認められず、受任者はあらゆる手段を使って預貯金の払戻しを完了させる必要がある。</td></tr>
</table>

<table>
<tr><td>本当は</td><td>死後事務委任契約書等を提示し、預貯金の払戻しを求めたにもかかわらず、金融機関が頑なに拒絶した場合には、取引上の社会通念に照らしてこれ以上の義務の履行は不</td></tr>
</table>

可能であるといえるので、履行不能を理由として死後事務委任契約を解除することができる。

解　説

1　履行不能な死後事務委任契約解除の可否

　本来は、死後事務委任契約を締結する際に、委任事務が履行可能か否かを十分に確認し、履行不能な委任事務を契約の内容にしないのが好ましいといえます。しかし、将来生じ得る全ての事象を事前に想定して契約の内容に盛り込むのは不可能ですし、委任事務を履行する過程で初めて委任事務が履行不能であることが判明する事態も十分に想定されます。

　民法651条1項に、委任は、各当事者がいつでもその解除をすることができると規定されていることから、委任契約に関する民法の原則的な取扱いに従うと、委任者又は受任者は委任事務が履行可能か否かにかかわらず、死後事務委任契約を解除することができるはずです。もっとも、死後事務委任契約に、明示又は黙示に委任者又は受任者の解除を制限する旨の特約が定められていることもあり、この場合には、同条項に基づく解除は認められません（【33】参照）。

　また、仮に、民法651条1項に基づく解除が認められる場合でも、相手方に不利な時期に委任を解除したときには、相手方に生じた損害を賠償する必要があります（民651②一・柱書）。

　一方、委任事務の行が不能であった、又は委任事務の履行過程において履行が不能であることが判明した場合には、履行が不能であることを理由として、次の区分に応じ、死後事務委任契約を解除することができます。

　委任事務の全部の履行が不能である場合には、死後事務委任契約の全てを解除することができ（民542①一）、委任事務の一部の履行が不能である場合であっても、残存する部分のみでは契約をした目的を達することができないときには、死後事務委任契約の全てを解除することができます（民542①三）。また、委任事務の一部の履行が不能である場合には、死後事務委任契約の一部の解除をすることができます（民542②一）。

2　履行不能の判断基準

　義務の「履行が不能」（民542①一・②一）か否かは、客観的に義務を履行できるか否かで判断されるのではなく、「契約その他の債務の発生原因及び取引上の社会通念に照らして不能」（民412の2①）といえるか否かによって判断されます。

　したがって、客観的には義務の履行が不可能とはいえない場合でも、委任事務を履行するに当たって必要となる費用が確保できない状態になった場合や、委任事務の履行に第三者の協力が必要であるにもかかわらず、その第三者の協力が得られない場合等は、義務の「履行が不能」になったといえ、死後事務委任契約を解除できる場合があります。

　なお、死後事務委任契約が令和2年3月31日までに締結された場合には、同年4月1日以降に死後事務委任契約が締結された場合と、やや処理が異なります（平29法44改正附則17①参照）。

　改正（平29法44）前の民法においては、契約締結前に既に義務の履行が不能の状態（原始的不能）にあった場合には、一律に当該契約は無効と解されていたため（最判昭25・10・26民集4・10・497）、この場合には、解除の意思表示すら行う必要はありません。

　一方、改正後の民法においては、契約締結前に既に義務の履行が不能の状態にあったとしても、原則として、契約自体は有効に成立していると解するため、義務の履行が不能となった時点にかかわらず、解

除の意思表示を行うべきといえます。

　死後事務委任契約が令和2年3月31日までに締結された場合には改正前の民法が、同年4月1日以降の場合には改正後の民法が適用されることになりますので（平29法44改正附則17①）、死後事務委任契約の締結日がいつであったかという点にも注意が必要です。

3　契約解除後の事務の引継ぎ

　受任者が委任契約を解除した場合、受任者は、関係資料等をそのまま保管したり、委任事務をそのまま放置したりすることはできませんので、関係資料等や委任事務の内容・途中経過を相続人又は相続財産清算人に引き継ぐ必要があります（【35】参照）。

　なお、委任者に遺言がある場合には、関係資料等を遺言執行者に引き渡すことで、処理を完了させることも可能です（【35】参照）。

　引継ぎに際しては、トラブルを避けるために、死後事務委任契約において定められていた委任事務の内容、履行が不能となった原因を説明の上、関係資料等の交付を証明するため受領証を取り付けるべきでしょう。

　また、後記のとおり、受任者は、履行した委任事務の割合に応じて報酬を請求することができますので、自らが行った委任事務の内容・途中経過を説明の上、報酬について了承を得ておくことも有用です。

4　部分的な報酬の請求

　義務の履行が不能であることを原因として委任契約を解除した場合、受任者は、委任者に対し、既にした履行の割合に応じて報酬を請求することができます（民648③一）。

　受任者が行った委任事務の割合を客観的に確定するのは容易ではありませんが、死後事務委任契約を締結する際に、当該契約において定

められた委任事務を個別具体的に記載し、その事務の履行の程度に応じて段階的に報酬を定めておくことで、紛争を回避することができます（【28】参照）。

　このような定めがない場合には、委任事務を履行するために行うべき手順や想定される作業時間等からおおむねの割合を算出し、相続人又は相続財産清算人と協議の上、報酬を算出することになります。

5　結　論

　Xが死後事務委任契約書等を提示しているにもかかわらず、金融機関は預貯金の払戻しを拒絶している状態であり、取引上の社会通念に照らして、これ以上の委任事務の履行は不可能であるといわざるを得ません。

　したがって、Xは、履行不能を原因として死後事務委任契約を解除し、相続人又は相続財産清算人、遺言執行者に対し、預貯金通帳等の関係資料等の引継ぎを行うことになります。その上で、金融機関との交渉に要した時間等を加味して、相続人又は相続財産清算人との間で報酬について協議することになります。

【35】　受任者は、死後事務委任契約における委任事務の終了に当たって、金銭や物品等の返還、報告の必要はない!?

　受任者Xは、委任者Aとの間の死後事務委任契約における委任事務の終了に当たって、Aが死亡していることを理由に、委任者の相続人又は相続財産清算人に対し、金銭や物品等の返還、報告の必要はないか。

POINT	・受任者は、どのような委任事務を行ったのかが分かる作業一覧表やそれに伴う収支計算報告書を作成するとともに、引き渡すべき金銭や物品等がある場合には、それらを委任者の相続人又は相続財産清算人へ引き渡す必要がある

誤認例	受任者は、死後事務委任契約の当事者の一方である委任者が死亡しているため、委任者の相続人又は相続財産清算人に対し、金銭や物品等の返還、報告の必要はない。

本当は	受任者は、死後事務委任契約における委任事務の終了に当たって、委任者の相続人又は相続財産清算人に対し、収支計算報告書等を提出して委任事務の内容及びそれに伴う収支の状況を報告するとともに、預かっている金銭や物品等を引き渡さなければならない。

解　説

1　費用及び報酬の精算

　民法上、委任契約に基づく事務（委任事務）の遂行に要した費用は、委任者の負担となります（民649・650）。委任事務に要する費用は、預り金として、事前に委任者から預かっておくことが有用です（【30】参照）。

　受任者はあらかじめ委任者から預かった金銭（預り金）より費用を捻出し、委任事務に要した費用の精算をします。また、委任事務が完了したことに伴う受任者の報酬についても、契約に基づいて預り金から控除して受領することになります（【31】参照）。

2　収支計算報告書の提出先と金銭や物品等の引渡し先

（1）　収支計算報告書の提出先

　受任者は、委任者に対し、委任事務について報告義務を負います（民645）。そして、委任者の死亡後においては、委任者に相続人がいる場合、委任者の地位をその相続人が承継するため、受任者は、委任者の相続人に対し、報告義務を負います（【16】参照）。

　また、相続人が不存在の場合であっても、相続財産清算人が選任されているときには、受任者は、相続財産清算人に対し、委任事務について報告義務を負います。

　実務上、受任者がこれまで遂行してきた委任事務の内容やそれに伴う入出金（報酬を出金した場合も含みます。）の一覧表を作成するとともに、領収書等収支の裏付資料を添付した収支計算報告書を作成し、委任者の地位を承継した相続人又は相続財産清算人に提出しています（相続人が複数の場合については後記3（1）参照）。

（2）　金銭や物品等の引渡し先

　ア　委任者に遺言がない場合

　受任者は、死後事務委任契約における委任事務を遂行した後、預か

っている金銭や物品等（書類や小物等）がある場合、委任者に遺言がなければ、当該金銭や物品等については委任者の地位を承継した相続人又は相続財産清算人に引き渡さなければなりません（相続人が複数の場合については後記3（2）参照）。

　　イ　委任者に遺言がある場合

　受任者は、死後事務委任契約における委任事務を遂行した後、預かっている金銭や物品等（書類や小物等）がある場合、委任者に遺言があり、遺言執行者が定められていれば（遺言はあるものの遺言執行者が定められていない場合には、家庭裁判所に対して遺言執行者の選任を申し立てることになります。）、当該金銭や物品等については遺言執行者にその処理を任せることができます。

　遺言執行者は、遺言内容の実現のため、相続財産の管理その他遺言の執行に必要な一切の行為をする権利義務を有するため（民1012①）、金銭や物品等の処理は遺言執行者に引き渡すことで完了します。

3　相続人が複数の場合

（1）　収支計算報告書を提出する際の注意点

　受任者は、死後事務委任契約における報告義務の履行として、委任者となる相続人全員に対して収支計算報告書を提出することが望ましいです。

（2）　金銭や物品等を引き渡す際の注意点

　受任者は、死後事務委任契約における受取物引渡義務の履行として、相続人の代表者を決めてもらい、その代表者に対して金銭や物品等を引き渡すことが最良の方法です。

　なお、相続人の代表者を決める際には、各相続人により、特定の相続人を代表者とする内容の相続人代表者選任届を提出してもらうなど、特定の相続人への引渡し後に、他の相続人との間でトラブルにならないよう慎重に対応する必要があります。

　　ア　金銭の引渡しに際して生じやすいトラブル

　金銭の引渡しに際して、知れたる相続人全員が受領を拒絶する場合には、民法494条1項1号による供託をすることになります（大阪家庭裁判所家事第4部後見係（大阪家裁後見センター）「大阪家裁後見センターだより（連載第6回）」月刊大阪弁護士会2018年4月号82～85頁）。

　なお、相続人が1人であり、当該相続人が受領を拒絶する場合においても、この方法を用いることができます。

　相続人全員が代表者の選任ではなく、直接の受領を希望する場合には、預り金の残額を委任者名義の預貯金口座に入金し、凍結させた上で、相続人の1人に預貯金通帳等を引き渡すという処理があり得ます（大阪家庭裁判所家事第4部後見係（大阪家裁後見センター）「大阪家裁後見センターだより（連載第21回）」月刊大阪弁護士会2020年10月号51～53頁）。

　　イ　物品等の引渡しに際して生じやすいトラブル

　物品等については、性質上、不可分債務として、相続人の1人に対して引き渡せばよいことになりますが、相続人全員が受領を拒絶する場合においては、相続人全員から廃棄の同意を取得することで当該物品等を廃棄処分する方法も考えられます。なお、相続人が1人であり、当該相続人が受領を拒絶する場合においても、この方法を用いることができます。

4　相続人が不存在で相続財産清算人が選任されない場合

　もともと相続人がいなかったり、相続人全員が相続の放棄をしたりするなど相続人が不存在の場合において、受任者の手元に金銭や物品等の相続財産が存在する場合には、受任者が利害関係人として、相続財産清算人の選任を申し立てるのが本来の方法です（【36】参照）。

　もっとも、当該方法については、家庭裁判所へ予納金を支払う必要があるなど、相当程度の費用を要することになるため、委任者の資産の程度によっては相続財産清算人を選任できない場合があります。

　そこで、金銭については、相続財産法人に供託する方法（民494①二）や死亡した委任者の預貯金口座へ全額入金した後に当該預貯金口座を凍結する方法が考えられます（【31】参照）。

　ただし、物品等の動産類に関しては、供託や預貯金口座への入金という方法はとれないため、相続財産清算人選任の申立て（民952）や廃棄処分等相続財産の保存に必要な処分の申立て（民897の2）を検討することになります。

5　金銭や物品等の引渡しを完了させるための遺言書の作成

　死後事務委任契約の締結に併せて、遺言書を作成し、あらかじめ金銭や物品等が残存した場合に、これらを相続させたり遺贈したりすることになる相続人や受遺者、更に遺言内容を実現する役割を担う遺言執行者を定めておきます。そうしておけば、残存している金銭や物品等の処理を遺言執行者に任せることができます。

　その上で、死後事務委任契約の受任者が遺言執行者に指定されている場合には、遺言執行者として処理することも可能であるため、手続は非常に簡便となります（【31】参照）。

6　結　論

　Xは、死後事務委任契約における委任事務の終了に当たって、委任者の地位を承継した相続人又は相続財産清算人に対し、収支計算報告書等を提出して委任事務の内容及びそれに伴う収支の状況を報告するとともに、預かっている金銭や物品等を引き渡さなければなりません。ただし、遺言書の作成等を活用することで引渡しを簡便に済ませることができるため、死後事務委任契約の締結に当たっては遺言書の作成も同時に検討すべきでしょう。

【36】　死後事務委任契約の受任者は相続財産清算人の選任を申し立てることができない!?

　弁護士Xは、Aからの依頼を受けて死後事務委任契約を締結して死後事務を行ったが、Aには相続人がおらず、死後事務処理後の財産を誰にも引き渡せない状態であった。Xは、相続財産清算人の選任を申し立てることができないか。

POINT	・死後事務委任契約の受任者は、民法952条1項の「利害関係人」に該当し、相続財産清算人選任の申立てをすることができる

誤認例	死後事務委任契約の受任者は、相続財産清算人の選任を申し立てることができない。

本当は	死後事務委任契約の受任者は、相続財産清算人の選任を申し立てることができる。

解　　説

1　相続財産清算人選任の必要性

　死後事務委任契約の受任者は、死後事務を処理した後、残った財産を相続人に引き渡す必要があります（【35】参照）。

　しかし、相続人がいない場合には、引き渡す相手がいないことになります。そこで、受任者は、相続財産清算人選任の申立てをして（民952①）、相続財産清算人に引き継ぐことを検討することになり、受任

者が相続財産清算人選任の申立てをすることができるかが問題となります。

　なお、相続財産が少額の場合、相続財産法人に対する供託をして引き渡したこととすることも考えられます（成年後見等のケースで、大阪家庭裁判所は、相続財産が30万円未満の場合、成年後見人等は管理中の現金を供託すればよいとの見解を示しています（大阪家庭裁判所家事第4部後見係（大阪家裁後見センター）「大阪家裁後見センターだより（連載第7回）」月刊大阪弁護士会2018年6月号79頁）。

2　利害関係人の意義

　相続財産清算人選任の申立人となり得る利害関係人（民952①）とは、相続財産の帰属につき法律上の利害関係を有する者を指し、包括・特定受遺者、相続債権者、相続債務者、相続財産上の担保権者、特別縁故者に当たると考えられる者等をいうとされています（潮見佳男編『新注釈民法(19)相続(1)』701頁（有斐閣、2019））。そして、被相続人の死亡時における成年後見人等も「利害関係人」に含まれると解されています（正影秀明『相続財産管理人、不在者財産管理人に関する実務　財産管理、相続人の探索、選任の申立て、相続放棄の対応、権限外行為許可、相続財産の清算、登記、不在者への対応、失踪宣告』48頁（日本加除出版、2018））。

　死後事務委任契約の受任者の引渡義務は委任者の死亡時に発生しているものではありませんが、受任者は成年後見人等がなすべき引渡義務と同様の義務を負っており、相続財産の帰属に法律上の利害関係を有すると考えられますので、受任者も「利害関係人」と解されます。

3　相続財産清算人選任申立ての手続

　相続財産清算人選任の申立てをする場合、以下の点に注意が必要です（ただし、運用が変わる可能性がありますので、申立時における最新の情報を管轄の家庭裁判所のウェブサイト等で確認してください。）。

（1）　管　轄

　相続開始地を管轄する家庭裁判所、つまり、被相続人の最後の住所地の家庭裁判所です（家事事件手続法203一、民883）。

（2）　申立費用

・申立手数料

　収入印紙800円（民事訴訟費用等に関する法律3①・別表1⑮）

・予納郵券

　管轄の家庭裁判所に確認する必要がありますが、大阪家庭裁判所本庁では1,260円とされています。

・官報公告費用

　管轄の家庭裁判所に確認する必要がありますが、大阪家庭裁判所本庁では4,230円とされています。

・予納金

　管轄の家庭裁判所に確認する必要があります。100万円前後となることが多いですが、事案によっては100万円以下となることも十分にあります。

（3）　必要書類（家事事件手続規則37）

・申立書

・「相続人のあることが明らかでないとき」（民951）に関する資料

・財産を証する資料

・利害関係を証する資料

4　結　論

　Xは、死後事務委任契約の受任者ですので、利害関係人として相続財産清算人選任の申立てをすることができます。

事項索引

178

事 項 索 引

実務家が陥りやすい
死後事務委任契約の落とし穴

令和5年9月13日　初版一刷発行
令和6年1月30日　二刷発行

編集代表　尾　島　史　賢
編集委員　溝　上　絢　子
　　　　　仲　谷　仁　志
発 行 者　新日本法規出版株式会社
　　　　　代表者　星　謙一郎

発 行 所　新 日 本 法 規 出 版 株 式 会 社

本　　　社　　（460-8455）　名古屋市中区栄1−23−20
総 轄 本 部

東 京 本 社　　（162-8407）　東京都新宿区市谷砂土原町2−6

支社・営業所　　札幌・仙台・関東・東京・名古屋・大阪・高松
　　　　　　　　広島・福岡

ホームページ　　https://www.sn-hoki.co.jp/

【お問い合わせ窓口】
新日本法規出版コンタクトセンター
☎ 0120-089-339（通話料無料）
●受付時間／9：00～16：30（土日・祝日を除く）